**Gebrauchsanweisung
für Thüringen**

Inhalt

Vorwort: Gut zu gebrauchen

Dies ist eine Einladung in die Mitte Deutschlands. Fröhlich, locker dürfen die Gedanken durch Thüringen laufen, manchmal auf Nebenpfade abdriften, auf Mittelgebirgstalwege ausweichen oder städtische Gassen ausbaldowern. Manchmal werden wir uns auf viel befahrenen Bahnen oder ausgetretenen Wegen bewegen, die gern und oft und immer wieder von touristischen Führungspersönlichkeiten mit Folgewilligen im Schlepptau begangen werden. Viele Wege führen durch Thüringen. Und selbst auf allseits bekannten Pfaden gibt es noch immer Neues zu entdecken.

Für nicht wenige Bürgerinnen und Bürger von Schwarzrotgoldland ist Thüringen Terra incognita, unbekanntes Land. Ein weißer Fleck auf der persönlichen Landkarte. Folgen Sie einfach der Einladung. Auf, auf also, die Entdeckerlust lustig vor sich hergetragen! Aber vorsichtig, denn man weiß ja: Andere Bundesländer, andere Sitten. Und Gebräuche.

Ach, heißt es deswegen »Gebrauchsanweisung«, weil man sich mit diesem Buch über Brauchtum und gute Sitte im fremden Lande vorinformieren kann? Schön ist das Land, doch sagt mir auch, was ist des Landes Brauch?

Es ist ein bisschen vertrackt. Das Wort Gebrauchsanweisung will sich nicht eindeutig entkleiden. Gebrauchsanweisung: eine Rezeptur, eine Auflistung von Ingredienzien für den erfolgreichen Umgang mit Eingeborenen? Soll hier Bayern, Schwaben, Franken oder Schleswig-Holsteinerinnen ein Beipackzettel zum Gebrauch von Thüringerinnen oder Thüringern ausgehändigt werden? Die Statistik von den Außer-Thüringischen, die noch nie in Thüringen waren, wird nicht so gern veröffentlicht, legt aber nahe, dass so eine Gebrauchsanleitung vielleicht doch hilfreich sein könnte, um allen, aber wirklich allen Bürgerinnen und Bürgern ihre Berührungsängste zu nehmen.

Wie unartig wäre es jedoch, wenn man Ihnen hier Anweisungen gäbe. Wer bin ich denn, dass ich das könnte und dürfte. Oder gar wöllte. Ich mache Vorschläge. Ich bin – jetzt kann ich den Löwen ja schon mal ganz vorsichtig aus der Plastetüte lassen – ein Thüringer Kabarettist, journalistisch vorgebildet. Und Thüringer tun sich ausgesprochen schwer mit Anweisungen, Kabarettisten sowieso. Bei Anweisungen können wir sehr abweisend werden.

Das betrifft zum Beispiel den Gebrauch des Wortes Plastetüte. Heißt es nicht eigentlich Plastiktüte? Nein, heißt es eigentlich nicht, wenn man dort aufgewachsen ist, wo heute die neuen Bundesländer liegen. Dort hieß und heißt es Plaste. Plaste und Elaste aus Schkopau. Plastik, das weiß doch jeder, ist ein dreidimensionales Kunstobjekt. Plaste ist ein auf Erdölbasis hergestellter Kunststoff. Leider verschwindet die Plaste langsam aus dem Sprachgebrauch.

Wer jedoch Plastik statt Plaste gebraucht, ist deswegen kein schlechterer Mensch. Und wer damals statt Plastiktüten Dederon-Beutel genutzt hat, ist heute nicht zwangsläufig ein Guter.

Willkommen also in Thüringen, das so anders ist – ganz anders als alles, was ganz anders ist. Mit anderen Worten: Thüringen ist das Normalste von der Welt. Allerdings steckt das Normale hier voller Besonderheiten. Wir werden gemeinsam Erklärungen suchen und Unerklärliches finden, undenkbar Komisches neben Tiefernstem, Hochgenuss neben Trivialgeschmack. Trittfestes Schuhwerk ist nötig, nicht nur für die Rennsteig-Wanderung oder das Abwandern aller Thüringer Luther-Wege. Treten Sie ein. Wie ich – für Thüringen.

Denn: Thüringen ist gut zu gebrauchen.

Wir nähern uns an

Wenn man als in Erfurt geborener und praktizierender Erfurter Kabarettist ins ehemals deutschsprachige Ausland kommt – sprich: in die alten Bundesländer – und dort den Mund aufmacht, wird man unweigerlich als Besuch aus Sachsen identifiziert. Das geschieht zumeist voll fröhlichster Schadenfreude, denn wer einen sächsischen Sprachschaden hat, der braucht für den Spott nicht zu sorgen. Man bekommt ihn gratis und in großer Menge.

Das Problem ist allerdings: Wir Thüringer, auch wir Erfurter Thüringer, sind keine Sachsen. Und wenn wir also im Schwabenländle oder in der Vulkaneifel oder dort, wo die Nordseewellen an den Strand schlagen, unseren Volksmund öffnen, dann erleiden wir gewissermaßen eine oberflächliche Regionalbeleidigung. Bei manchen geht der Schmerz tiefer, trifft mitten ins Grüne Herz. Was sollen wir sein? Sachsen!? Wir doch nicht, wir kommen nicht aus Sachsen, wir sind aus Thüringen, hört man uns zwischen zusammengebissenen Zähnen hervorpressen. Was hört man daraufhin ebenfalls oft und ungern: Das ist doch eh dasselbe!

Diese Schmach!

Natürlich ist das alles irgendwie richtig, dass Thüringer eigentlich Sachsen sind, leider, aber eben nur irgendwie. Nicht direkt. Historisch gesehen ja, aktuell natürlich nein. Und sprachlich schon gar nicht!

Dieses Landsmann- und -frauschaftliche ist zugegebenermaßen ein wenig irrational. Wer fragt jedoch nach Rationalität, wenn er Franke ist und, nur weil er aus demselben Bundesland stammt, als Bayer eingeordnet wird. Oder wenn Kölnerinnen meinen, sie seien wertvollere Menschen als die da aus Düsseldorf. Oder wenn jemand Schal und Fahne in bestimmten Fußballvereinsfarben trägt und dafür von Trägern andersfarbiger Schals und Fahnen heftig eins auf die Nase bekommt. Allerdings geht der Regionalpatriotismus bei uns Thüringern nicht so weit, dass wir Gewalt anwenden würden, so wir als Sachsen bezeichnet werden. Wirklich geprügelt hat sich meines Wissens noch kein Thüringer, um sich gegen den Sachsenvorwurf zu verteidigen. Thüringern nachzusagen, sie seien ein friedfertiger Menschen*schlag*, klingt zwar in sich etwas paradox, ist aber durchaus gerechtfertigt. Und so nehmen wir es grimmig lächelnd hin, wenn man uns falsch verortet, uns Thüringer.

Dabei würde doch schon ein Blick auf die Landkarte oder in den Autoatlas genügen, um einen so außerthüringischen Grundfehler zu vermeiden. Und wer diese alten Kulturtechniken und papierne Informationen nicht mag, kann weltweite Dienste befragen, Thüringen auf das Display wischen. Sieh da: Thüringen ist tatsächlich existent und eigenständig. Das liegt ja wirklich *neben* und nicht *in* Sachsen. Hätte man's gedacht!?

Man kann sich diesem Bundesland natürlich erst einmal aus sächsischer Richtung nähern. Man besteige der Deutschen liebstes Transportspielzeug in Dresden oder Chemnitz und fahre Richtung Westen. Bevor der Westen leuchtet, fährt man kilometerweit durch Thüringen. Zugegeben, es sind nicht unendlich viele Kilometer, aber fast zweihundert sind es schon. Also, man ist schnell durch. Wer aber nur in Ost-West-Richtung durch Thüringen hindurchrast, verpasst eigentlich alles, was man im Leben so verpassen kann: gutes Essen, nette Menschen, Kultur und Natur in Hülle und Fülle, alte Städte voll heutigen Lebens. Das gilt auch für die ebenfalls knapp zweihundert Kilometer lange Durchfahrt in Nord-Süd-Richtung. Eines der ältesten Rathäuser Deutschlands befindet sich unweit des jüngsten Autobahnabschnittes, in Weißensee. Und Weißensee ist in diesem Fall kein Ortsteil Berlins mit TV-gerechter Stasivergangenheit, sondern eine Thüringer Stadt mit dem chinesischen »Garten des ewigen Glücks«.

Verwirrend? Nein, Thüringer Vielfalt.

Thüringen grenzt dreimal an Bundesländer, die noch viel sächsischer sind als Thüringen selbst. Sachsen, Sachsen-Anhalt und Niedersachsen tragen schließlich deutlich Sachsen in sich. Die ebenfalls angrenzenden Hessen und Franken haben Thüringen zwar durchaus auch geprägt, aber den dicksten Prägestempel haben uns Thüringern eben die sächsischen Eroberer aufgedrückt. Manchmal spricht man in satirischer Übertreibung auch von sächsischen Kolonialherren. Aber in jeder ironischen

Zuspitzung steckt das berühmte Körnchen Wahrheit. Im Thüringer Sachsenfall handelt es sich dabei um ein riesengroßes Wahrheitskorn.

Jedoch, liebe Hereinkommende: Es schadet ganz und gar nicht, die Thüringer Seele ein wenig zu streicheln. Lokal- und Regionalpatrioten sind keine Idioten, sondern Menschen mit Gefühlen. Wenn auch der Geburtsort genauso wie das Geburtsbundesland einer gewissen Zufälligkeit unterliegt – man wird ja sozusagen in seinen Geburtsort zwangseingewiesen –, kommt doch immer ein gewisser Stolz auf, wenn man sagt: Mein Erfurt! Mein Thüringen! Mir gehört zwar nichts davon, trotzdem ist es meins. Beides.

Grenzen sind natürlich nur willkürlich gezogen, auch die der Thüringer – und sie laden ein, sie zu überspringen, Also Reisender, tu eben dies. Du wirst überrascht sein, wie einfach es ist. Und noch überraschter wirst du sein, wenn du gesprungen bist.

Reisender, kommst du nach Thüringen, sei gewiss, du kommst nicht in östliche Einöden. Du kannst deine Zahnbürste zu Hause vergessen haben, verzweifele nicht, du wirst auch in Thüringen an der Vielzahl verschiedenster Zahnbürstenangebote schier verzweifeln. Übrigens wurde die Zahnbürste in Thüringen erfunden. In Bad Tennstedt.

Reisender, habe keine Angst vor Hunger und Durst, dir werden die Geschmacksknospen frühlingshaft aufspringen. Reisender, hier in Thüringen gehen Liebe und Bratwurst gemeinsam durch den Magen. Dein trockener Mund wird angenehm befeuchtet, und wenn du es anstrebst, kannst du deinem Körper Flüssigkeiten zuführen, die deinen Geist in Auflösung führen. Lass, Reisender, fährst du nach Thüringen, alle Hoffnung fahren, du würdest hier nur Not, Armut und leere Landstriche finden. Aus welcher Richtung auch immer du dich näherst, das sogenannte Grüne Herz Deutschlands wird deinem eigenen Herzen schnell nahe sein.

Reisender, näherst du dich aus südlichen Gefilden, liegt vor dir ein Mittelgebirge, sanft ansteigende, bewaldete Hänge, die oft deckungsgleich mit Thüringen assoziiert werden. Der Thüringer Wald prägt zwar Thüringen, aber von Thüringen ist er nur ein kleiner Teil. Reisender, du kannst dieses Gebirge durchfahren, nimm den Rennsteig-Tunnel, der mit fast acht Kilometern Länge im deutschen Tunnelvergleich der längste und in Europa der viertlängste zweiröhrige Straßentunnel ist. Fahr interesselos und ohne Neugier auf der Tunnelautobahn, und du wirst nichts erfahren außer der Tunnellänge. Lässt du dich jedoch von der Hauptverkehrsader weg auf die alten Straßen und Nebenstraßen treiben und fährst du über den Kamm des Thüringer Waldes, siehst du die Enge der Waldtäler und weitest vielleicht langsam deinen Blick für einen Landstrich, wo Menschen mit schmalem Portemonnaie weit kamen. Du überquerst einen der legendärsten deutschen Wege, den Rennsteig, und blickst dann weit hinein ins Thüringer Becken.

Reisender, näherst du dich aus nördlicher Richtung, dann hast du viele Einfahrmöglichkeiten hinein ins Thüringer Land. Und all diese Straßen bringen dich in ein anderes Thüringen. Kommst du, Reisender, aus Niedersachsen, stößt du hinter der Landesgrenze entweder auf das sehr katholische Eichsfeld, das der Ratzinger-Papst durch seinen Besuch weltweit bekannt machte und wo ganz andere Feiertage gefeiert werden als im größtenteils protestantisch geprägten großen Rest des Freistaates Thüringen. Oder du kommst in der Nähe des nördlichsten Punktes von Thüringen in dasselbe hinein, dann geht es zunächst durch den Harz mit dem berühmten Brocken und den nicht minder berühmten Walpurgishexen und ihren teuflischen Riten und Ritten, und du landest in einem Landstrich, der nicht nur protestantisch, sondern auch sehr industrialisiert ist: der Landkreis Nordhausen. Am allerbekanntesten, jedenfalls in der GDT, der Gemeinschaft Deutscher Trinkbranntweinendverbraucher, ist der Landkreis durch das Huhn, das immer seinen Korn findet. Das schlaue Huhn heißt Henriette, hat einen goldenen Schnabel und findet nach dem Aufpicken des Kornkreises immer seinen Nordhäuser Doppelkorn.

Kommt man aber aus dem Norden, von Sachsen-Anhalt, fährt man mitten hinein in die Geschichte um den rotbärtigen König Barbarossa. Und findet der Grenzübertritt noch ein paar Kilometer weiter östlich statt, ist man sehr schnell bei Goethe und Schiller und Herder und Eckermann und Liszt und ... später mehr dazu. Aus nördlicher Richtung kommend, kann man in das Verbreitungsgebiet des Mutzes gelangen – ein biounlogischer Bruder des Rasselbocks – oder vor das Geburtshaus des expressionistischen Malers Otto Dix. Und kommt man aus Sachsen nach Thüringen, landet man unter Umständen vor dem Skatgericht.

Reisender, kommst du aus dem Osten, dann kommst du aus einem Freistaat in einen anderen Freistaat. Wie schon erwähnt, ist der Freistaat Thüringen nicht der größten Bundesländer eines. Aber wäre man vor zweihundert Jahren aus östlicher Richtung ins heutige Thüringen eingefahren, wäre man dauernd an der Weiterreise gehindert worden, weil hier die staatlichen Gebilde so klein waren, dass alle paar Kilometer eine Staatsgrenze mit Schlagbaum und Zöllner aufwartete. Hier gab es so kleine Staatswesen, dass man sie Operettenstaaten nannte. Fürstentümer dieser Größe beziehungsweise Kleine gaben sich in Person von Operetten-Fürst Ypsheim-Gindelbach, dem Premierminister von Reuß-Schleiz-Greiz und dem Reuß-Schleiz-Greiz-Gesandten Graf Balduin dem Spott preis und wurden in der Strauss-Operette »Wiener Blut« tüchtig durch den Kakao gezogen.

Reisender, es kann auch sein, du kommst aus östlicher Richtung und kommst selbst heute nicht weiter. Das liegt dann nicht an politischen Grenzen, sondern daran, dass dein Auto nicht schwimmfähig ist. Sonst könntest du den größten Stausee Deutschlands, die Bleilochtalsperre, durchqueren.

Reisender, kommst du aus dem Westen, dann nutzt du meist die Autobahn Nummer Vier. Und gleich hinter dem imaginären Einfallstor nach Thüringen hinein siehst du die Burg der Deutschen. So sagt man zur Wartburg. Und wenn du nur ein einziges Mal nach Thüringen kommst, um alles über die Wartburg zu erfahren, kannst du einen mehrwöchigen Aufenthalt planen, denn so lange würde es dauern, alles über die Wartburg und ihre Geschichte zu entdecken.

Aber vergiss nicht die anderen Straßen, die dich, Reisender, aus westlicher Richtung nach Thüringen hineinführen. Du kannst die Häuser eines kulturbeflissenen Meininger Herzogs besuchen, dem sein Staat oft weniger wichtig war als sein Theater. Oder du entdeckst die Heimatstadt des Tütensuppenerfinders, die auch der

Aufenthaltsort einer bis heute inkognito gebliebenen Adeligen war, die nur die Dunkelgräfin genannt wurde: Hildburghausen.

Reisender, näherst du dich von oben – also fällst du meisterlich mit Schirm vom Himmel oder fliegst per Flugzeug ein –, wird dir gefallen, was du siehst. Du kannst einen Überblick über das Grüne Herz Deutschlands gewinnen. Von oben allerdings wird dein Blick nur über die schöne Oberfläche gleiten. Reisender, du musst bei uns landen, um uns ins Herz blicken zu können. Was nun wieder ein Problem ist. Wir haben nur eineinhalb Flughäfen: Zwei Hälften heißen »Flughafen Erfurt-Weimar«. Die übrige Hälfte heißt »Leipzig-Altenburg Airport«, was ein großer Name für einen doch ziemlich kleinen Regionalflugplatz ist, der sich auf dem Gebiet der Gemeinde Nobitz, nun ja, ausbreitet. Reisender, wage es trotzdem. Es lohnt sich.

Reisender, kommst du nach Thüringen, sei dir gewiss, dass es durchaus möglich ist, dass du Frau und Kinder und dein Daheim vergessen wirst und hierbleiben möchtest. Sei kein Narr, Reisender, bleibe einfach – und hole Frau und Kinder nach. Nach Thüringen.

Die deutsche Mitte

Egal, aus welcher Richtung kommend man Thüringer Boden betritt, wenn man sich von den Rändern her dem Zentrum nähert, kommt man automatisch in das Thüringer Becken. Dieser Automatismus begünstigte auch die Besiedlung besagten Beckens: Von den Bergen und Hügeln rundherum hatte man schon immer einen guten Blick auf die erfolgversprechenden Jagdgründe und sah gute Argumente, sich auf Dauer hier niederzulassen. Die allerersten Siedler waren Nomaden – zumindest waren sie das, bevor sie beschlossen, sich anzusiedeln. Die nomadisierenden Menschengruppen streiften auf der Jagd nach gruppenabfütternden Mahlzeiten durch die sanfte Hügel- und die ebene Beckenlandschaft. Diese Menschen interessierten sich nur für die Verbesserung ihrer persönlichen Lage und machten sich keine Gedanken über die Besonderheiten des Landstrichs im geografischen Sinne. Das kam erst später, als die Vermessung der Welt begann und es sich durchsetzte, unsere unkugelige Erdkugel mit einem Netz zu überziehen, dessen Längs- und Querfäden mobilen Menschen die Orientierung erleichterten und die dabei halfen, politische Teilungen kartografisch zu fixieren.

Die messende Menschheit legte dann überall das Maßband an, und so reifte eines Tages die Erkenntnis, dass das heutige Thüringen das Land der Mitte ist. Damit keine Verwechslungen aufkommen: Das Reich der Mitte ist und bleibt China. Den Thüringern reicht, dass ihr Bundesland inmitten der deutschen Bundesländer liegt und den Mittelpunkt Deutschlands beherbergt.

Zwei Universitäten – die eine in Dresden, die andere in Göttingen – vermaßen Deutschland und stellten fest, dass ungefähr bei den Koordinaten 51°10' nördlicher Breite und 10°27' östlich von Greenwich der geografische Mittelpunkt Deutschlands liegt. Allerdings tobt ein Streitchen, ein Stürmchen im Wasserglas. Es versuchen sich vier weitere deutsche Örtlichkeiten im Grenzbereich Thüringen-Niedersachsen frech mit dem Mittelpunktsiegel zu schmücken: Silberhausen, Krebeck, Flinsberg und – Nomen ist Omen – Landstreit. Alle und alles maßlos vermessen!

Leider liegt die Wartburg zwar unweit, aber doch zu weit südlich jeglichen Mittelpunktanspruchs. Schade, denn die »Burg der Deutschen« wäre ein schön steitbares Mitte-Symbol, wo doch die Geschichte der Wartburg mit vielen ganz und gar nicht mittigen Ereignissen, Taten und Tätern aufwartet. Hierzu später mehr.

Noch einmal ganz exakt: 51°09'54" nördlich des Äquators und 10°27'19" östlich von Greenwich. Da und nur da ist der Deutschen Mittelpunkt. Das hat der Verband deutscher Schulgeografen noch einmal bestätigt. Punkt!

Wer diese Koordinaten in seine Geo-Caching-Gerätschaften eingibt und losläuft, um letztendlich genau am Kreuzungspunkt zu stehen, der landet punktgenau im nordthüringischen Unstrut-Hainich-Kreis, genauer gesagt zwischen Oberdorla und Niederdorla, und holt sich zumindest nasse Füße, denn der exakt berechnete Mittelpunkt liegt im Freilichtmuseum »Opfermoor Vogtei«, einer vorgeschichtlichen, germanischen Kultstätte, nicht ganz vollständig umgeben von einem kleinen, flachen See. Archäologen gruben sich mehrere Jahre durch die torfigen Erdschichten am Rand des Sees und fanden eine Vielzahl von kultischen Relikten, die darauf hinweisen, dass hier schon im 6. Jahrhundert vor der Zeitenwende heidnischen Göttern und Götzen geopfert wurde. Die Wissenschaftler sprechen von »emsiger Opfertätigkeit«. Auf dem ersten Heiligtum, einem Brandaltar aus Muschelkalksteinen, brachten unsere Vorfahren in bunten Gefäßen aus gebranntem Ton Speisen dar. Auf weiteren fast dreißig Opferstätten wurde ebenso fleißig geopfert. Spirituelle Massenabfertigung könnte man sagen. Die Götter und Götzen bekamen Sachspenden und Tiere, vor allem Rinder, und ab und an musste auch ein Mensch auf dem Altar dran glauben, damit bei den Lebenden der Glaube gestärkt werde.

Gesiedelt wurde hier allerdings schon im 6. Jahrtausend vor der Zeiten-Null. Aber davon blieb wenig übrig, was die Archäologen hätten finden können. Was heute im Freilichtmuseum »Opfermoor Vogtei« zu sehen ist, sind originalnah rekonstruierte Heiligtümer, Opferstellen und germanische Wohnbauten. Keramiken und Kultgegenstände kann man sich im nahe gelegenen Museumsgebäude anschauen.

Wie lange es übrigens dauert, bis sich alte Gewohnheiten religiöser Art verabschieden und neue durchsetzen, lässt sich daran ablesen, dass nachweislich noch im 10. und sogar 11. Jahrhundert auf alte Weise geopfert wurde. Aus dieser Zeit stammen Gefäße und Hundeknochen, die man in den oberen Torfschichten fand. Thüringer scheinen schon immer vorsichtige Leute gewesen zu sein. Zwar lief seit dem 8. Jahrhundert die Christianisierung auf Hochtouren und dies durchaus erfolgreich, aber die Einheimischen sagten sich anscheinend: Doppelt hält besser. Wenn uns der eine Gott nicht hilft, dann tut es vielleicht der andere. Erst im 12. Jahrhundert verloren sich die heidnischen Opferrituale.

Ein ganz anderes Ritual fand am 20. Februar 1991 statt. Man pflanzte – mit ziemlich viel Brimborium und Gottes Segen – eine sogenannte Kaiserlinde neben das Opfermoor. Und stellte wiederum daneben einen Stein auf, einen kleinen Felsen, der nun den stummen Zeugen der Mittelpunktsbehauptung gibt. Und der Stein bleibt, ein Symbol für den festen Glauben, dass Deutschland nun wieder vereinigt und sämtliche Landesteile unzertrennlich in ewiger Liebe zusammengefügt seien.

Die Symbolik ist verstehbar, die Sehnsucht nach ewiger Liebe verständlich, aber wieso pflanzte man eine Kaiserlinde? Will man in der Mitte Deutschlands den »guten, alten Kaiser wiederhab'n«? Hat es sich von den Rändern und den Großzentren noch nicht bis nach Thüringen herumgesprochen, dass die Deutschen keinen Kaiser mehr haben? Gibt es hierzulande eine antirepublikanische Grundtendenz? Nein, das würde nicht zu uns Thüringern passen.

Der Name Kaiserlinde kommt übrigens botanisch überhaupt nicht vor. Es ist eine politische Bezeichnung. Zu kaiserlichen Tagen wie denen der Geburt oder des Todes oder der zwischenzeitlichen Besteigung von Thron oder Kaiserin pflanzten die deutschen Untertanen untertänigst Linden. Auch in Thüringen gibt es noch Linden, die den Vornamen Kaiser tragen – große, alte Bäume, die in heißen Sommern Schatten und saubere Atemluft spenden.

Warum setzte man dem Kaiser nicht bronzene Denkmäler oder steinerne Monumente? Kurz und knapp: Weil das Geld fehlte im ländlichen Raum. Ja, die Städter wohnten in großer Zahl auf einem Haufen, da war schnell das nötige Geld für einen Bronzekaiser oder ein Völkerschlachtdenkmal gesammelt. Das Erfreuliche an dieser Geschichte ist: die Bronzekaiser sind fast alle verschwunden, Linden gibt es noch einige, und sie stehen heute unter Naturschutz. Man sagt nicht mehr Lutherlinden, Schillerlinden und Goethelinden, obwohl diese großen Bäume zu Ehren dieser großen Deutschen gepflanzt wurden. Wunderlicherweise heißt es aber immer noch Kaiserlinde.

Nun gut, da steht sie nun also, unsere Mittelpunktlinde, neben dem Mittelpunktstein auf dem Mittelpunktfestplatz. Ab und an wird gefeiert: ein Mittelpunktgottesdienst oder ein Mittelpunktfest.

Und da stehen sie vielleicht zusammen dort und feiern. Deutsche aus Ost und West. Nicht nur heimlich immer noch Ossis und Wessis genannt. Aber das ist unvollständig. Denn da gibt es ja noch die anderen Deutschen, die Nordis und die Südis. Und mittendrin wir Thüringer: die Mittis.

Wir sind tatsächlich die mittigsten Deutschen. In jeder Hinsicht. Es ist, als hätten sich Mittelpunkt und Mittigkeit gegenseitig bedingt oder würden sich hin- und herbefruchten. Das hat konservative, deutschtümelnde Historiker fast zur Weißglut getrieben. Einer von ihnen, Heinrich von Treitschke, schrieb 1882 uns Mitteldeutschen ins Muttiheft: »Unter allen den Unheilsmächten, welche unserem Volke den Weg zur staatlichen Größe erschwerten, steht die durchaus unpolitische Geschichte dieser Mitte Deutschlands vielleicht obenan. Fast alle anderen deutschen Stämme nahmen doch irgendeinmal einen Anlauf nach dem Ziele politischer Macht, die Thüringer niemals. Unsere Cultur verdankt ihnen unsäglich viel, unser Staat gar nichts.«

Es soll nicht wenige Thüringer geben, die das als Lob empfinden. Der Autor gehört dazu. In Thüringen ist die Mitte der Gesellschaft das Maß aller Dinge. Nicht Mittel-Maß – eher müsste es Mitte-Maß heißen. Und das ist in vollster Weise positiv zu verstehen. Maß halten, aber mithalten. Nicht Verzicht und nicht Vergeudung. Exzentriker jeder Art werden bei uns scheel angesehen und genießen kein Ansehen. Von außen betrachtet erscheinen wir Thüringer manchmal vielleicht etwas antriebsarm. Dabei gehen wir beharrlich und stetig voran. Wir sind eben die Realos des Lebens.

Wird eine Statistik gemacht: Wir Thüringer liegen fast immer im Mittelfeld – bei den Schulden, bei der Arbeitslosenzahl, bei Ausländerfeindlichkeit, bei PISA – da sind wir zwar ab und zu Spitze, aber nur in Deutschland, PISA ist ja ein internationaler Vergleich, und schaut man international auf uns Thüringer, gleich sind wir wieder Mitte.

Thüringer gehen den goldnen Mitte-Weg. Lieber 'n kleines Licht als 'n großer Armleuchter. Wir sind mäßig aufmüpfig und mäßig zu begeistern. Es fehlen uns die spitzen Ausschläge auf der Euphorie-Skala. Aber diese Mäßigung ist lebensverlängernd. Das steht mal fest.

Thüringer sind keine Massenbewegung, wenn Bewegung, dann in Maßen. Selten gehen wir zu Demonstrationen kritisierender Art. Wozu sich unnötig aufregen, vielleicht den Wutbürger markieren, Protestmärsche organisieren, das alles brauchen wir nicht. Bei uns sind sogar die Politiker mittig. Wie sagte die Christine immer, die Mutti Merkel von Thüringen, die Lieberknecht: Maß und Mitte. Das sagte sie in jeder ihrer Reden mindestens zwei- bis dreimal.

Mitte ist hier Spitze. Da können Sie auch jeden Thüringer Fleischer fragen. Der sagt es ganz klar: Das Mittelstück ist das Beste vom Schwein.

Verständliche Schwierigkeiten

Kommt man von außerhalb, stellt sich die Frage: Kann man trotzdem Land und Leute verstehen? Grundsätzlich bilden wir hierzubundeslande unsere Sätze in Hochdeutsch, was so weit als möglich die Amtssprache ist. Lautliche Verständigung ist also möglich. Ob allerdings immer auch gleich Verstehen gegeben ist, also ob nicht nur sprachliche Form, sondern auch die Inhalte verständlich sind, das ist ein schwieriges Kapitel.

Sprachwissenschaftler teilen Deutschland in drei Teile und zwar quer. Von oben nach unten zerfällt Deutschland in Niederdeutsch, Mitteldeutsch und Oberdeutsch. Thüringen hat von allen drei Teilen etwas abbekommen. Als ob das nicht schon schlimm genug wäre. Mehr noch: Thüringen ist, dialektisch betrachtet, neunsprachig. Das grenzt schon an die berühmt-berüchtigte babylonische Sprachverwirrung.

Leider sterben die Dialekte langsam aus. Noch wird Itzgründisch, Hennebergisch und Ostfälisch gesprochen sowie Nordthüringisch, Ilmthüringisch, Ostthüringisch, Südostthüringisch, Westthüringisch und Zentralthüringisch. Teilweise und gern werden Dialektwörter mit in die Alltagssprache genommen und es entstehen regionale Umgangssprachen. Sprachwache Jugendliche können durchaus dreisprachig aufwachsen: hochdeutsch, regional umgangssprachlich und dialektal.

So sagen Girls änd Boys aus dem südthüringischen, sprachlich mainfränkisch-itzgründischen Sonneberg, sie kämen aus *Sumbarch*. Sie sprechen »hintergaumig«, wie die Sprachforscher das formulieren, aus *morgen* wird *morchn*, und wenn man genau hinhört, dann hängt hinten immer noch ein *g* dran: *morchng*. Itzgründisch ist zwielautig. *Vögel* werden zu *Vüächln* und *Ofen* zu *Uefm*. Hier ist die Gegend, wo Hosen Hasen heißen und Hasen Hosen, genauer gesprochen: wo Hosen *Huasn* heißen und Hasen *Housn*.

Wenn jetzt gerade einige Bewohner des Bundeslandes Bayern denken, dass diese Südthüringer doch haargenau wie sie sprechen täten, kann es sich nur um Coburger handeln. Womit denn der Beweis erbracht wäre, dass Coburg mal zu Thüringen gehörte, genauer gesagt zu einem der vielen thüringischen Herzogtümer. Das fränkische Coburg verabschiedete sich wenige Monate nach der Fürstenabdankung 1918 ebenfalls dankend aus dem Verbund des ehemaligen Herzogtums Sachsen-Coburg-Gotha. Heute gibt es Bestrebungen, ein bayern- und thüringenunabhängiges neues deutsches Bundesland zu erschaffen. Wo Fränkisch gesprochen wird, da soll auch Franken draufstehen. Aber eher kommt es zur Zusammenlegung der vermeintlich kleinen Bundesländer Thüringen, Sachsen und Sachsen-Anhalt. Eine schier unvorstellbare Vorstellung. Also wird es wohl auch mit Groß-Franken nichts.

Jetzt mal eine sprachwissenschaftliche Versuchsanordnung: Ein junger Mensch aus dem südlichsten Zipfel Thüringens, nämlich aus Sonneberg, reist in die nördlichste Ecke zum berühmten Rolandsfest (unbedingt mit Binnen-»s«, sonst landet man in Stendal oder Calbe oder sonst wo) nach Nordhausen. Von *Sumbarch* nach *Nordhuusn*. Vorn auf der Bühne tummeln sich zur Festeröffnung krude Gestalten: der Roland (freie Reichsstädte wie Nordhausen durften sich mit einer Rolandstatue schmücken, der Bühnen-Roland ist lebendig), dazu der Professor Zwanziger, der alte Ebersberg und vor allem die freche Brockenhexe. Früher gehörte noch der Riese dazu, eine verlebendigte Ritterstatue. Die vier Verbliebenen palavern, dass es eine Freude ist. Die Leute lachen und klatschen, wenn die Hexe *Orsch* sagt und *Schießn*. Aber die Freude ist nicht aufseiten des Gastes aus Sonneberg. Selbst wenn der südthüringische Gast Dialektsprecher ist, hier scheitert er fast vollständig am Klang der Fremde. *Orsch* kann er vielleicht noch als *Arsch* entschlüsseln, aber *Schießn*? *Scheiße*, denkt der Sumbarcher, ich verstehe hier eigentlich überhaupt nichts. Und hatte doch alles verstanden.

Auf einer Gesamtfläche von etwas mehr als 16 000 Quadratkilometern halten sich im Bundesland Thüringen rund 2,2 Millionen Menschen stationär auf. Es ist durchaus möglich, dass sich zwei Thüringer treffen, jeder spricht zwei, drei Sätze, manchmal reichen auch schon Worte, und plötzlich denkt der eine über den anderen: Der hat Migrationshintergrund!

Auf einer Internetseite der Jenaer Universität (Arbeitsstelle Thüringische Dialektforschung, auch verantwortlich für eine sechsbändige Ausgabe des »Thüringischen Wörterbuches«) kann man sich durch den, die oder das Thüringer Sprachwirrwarr durchklicken. Spätestens da dürfte sich die Annahme, alle Thüringer seien so etwas wie Sachsen, erledigt haben.

Freilich, wenn ein Erfurter *Erfurtsch* spricht, richtiges dreckiges, also *dreggsches Erfurdsch*, dann klingt das in ungeübten Ohren schon irgendwie Sächsisch. Aber allein die Sprachmelodie ist ganz und gar unsächsisch. Und wenn dann noch ein paar Wörter herausgeholt werden wie *hinkuzn*, *Leckmadran*, *drohschn*, *Dummfotz* und *Biddel*, dann versteht auch nicht jeder Sachse, was der Zentralthüringer meint. Nämlich: hinhocken, Lolli, Starkregen, Blödmann und Beutel.

Was kommt zur fast babylonischen, neunsprachigen Sprachverwirrung noch hinzu? Jeder weiß aus dem eigenen Umfeld oder hat es am eigenen Ohre erfahren, dass es innerhalb der großen Dialektgebiete noch viele kleine gibt: Dorf- und Schluchtendialekte. Die haben wir Thüringer freilich auch noch in größerer Menge. Von Dorf zu Dorf, oft auch von Ufer zu Ufer eines im Sommer ausgetrockneten Baches rufen die Dorf- beziehungsweise Uferbewohner einander Unverständliches zu. Versteht sich, dass das in früheren Zeiten oft zu Spritzblut und Zahnraus geführt hat. Den benachbarten Ausländern, den Falschsprachlern, denen, die doch zudem ganz andere Tracht trugen, musste man einfach eine Tracht Prügel verabreichen.

Ab und an kann man das heute noch beobachten, allerdings ohne Schlägerei: Es dialektet ein Erfurter fröhlich vor sich hin, aber im nach Erfurt eingemeindeten Dorf Dittelstädt scheitert er unter Umständen ganz ähnlich wie der Sonneberger in Nordhausen. Aber wie gesagt: Wir können auch Hochdeutsch. Das haben wir vielen Baden-Württembergern voraus.

Ausflug nach Süden: Das Deutsche Spielzeugmuseum Sonneberg

Gulliver liegt da gefesselt, auf ihm und um ihn herum die Winzlinge, diese Liliputaner. Eine der Attraktionen im ältesten deutschen Spielzeugmuseum in Sonneberg. Sieht alles sehr alt aus, ist es auch, entstanden in den 1840er-Jahren. Teilweise aus bemaltem Brotteig. Es gab mal mehrere Exemplare der gleichen Figurengruppe, und auf der Allgemeinen Deutschen Gewerbe-Ausstellung 1844 in Berlin stauten sich staunende Besucher, ebenso 1851 auf der Londoner Weltindustrieausstellung. Mit solchen Figuren warb die Spielzeugstadt Sonneberg für ihre Erzeugnisse. Für die berühmte »Thüringer Kirmes«, eine Puppengruppe mit 67 Figuren, mit Jahrmarktbude, Karussell und Fachwerkhäusern, gab es auf der Brüsseler Weltausstellung 1910 sogar den »Gand Prix«.

Vor dem 1. Weltkrieg wurde Sonneberg »Weltspielwarenstadt« genannt. Ein Fünftel aller auf der Welt gehandelten Spielzeuge kam von hier. Die Nachfrage war enorm. Innerhalb von zwanzig Jahren (1865 bis 1885) stiegen zum Beispiel die Exporte in die USA um 600 Prozent. Amerikanische Handelsketten wie Woolworth hatten in Sonneberg Vertreter, die den Zwischenhändlern aus den Händen rissen, was die Heimarbeiter-Familien angefertigt hatten. Arme Leute, die so wenig verdienten, dass sie nicht einmal Steuern zahlen mussten, stellten her, was anderen Riesengewinne bescherte.

Das Deutsche Spielzeugmuseum wurde 1901 gegründet. Viele Besucher kennen aus Kindertagen nur das große alte Museumsgebäude. Nun ist ein hypermoderner Neubau dazugekommen, und trotzdem reicht der Platz nicht für die vielen Kinderträume. Spielzeug aus aller Welt, aus allen Zeiten. Ein Familienmuseum zum Staunen, und tatsächlich auch zum Spielen. Wäre ja auch langweilig, wenn man sich die Spielzeuge nur angucken dürfte ...

Die Marke Thüringen

Fragt man in der Fremde, was dem- oder derjenigen dort zum Stichwort Thüringen einfällt, da fällt den meisten nicht viel ein. Thüringen hat sich geistig anhaltend eigentlich nur gastronomisch in die Hirne und Mägen der Menschen eingelagert. Der Kloß und die Bratwurst hören auf den Vornamen Thüringer. Eine recht reduzierte Außenwahrnehmung, aber gut, dass es sie gibt. So weiß man wenigstens überhaupt etwas über uns. Die Menschheit kann dieses Grundwissen noch vertiefen, indem sie das Bratwurstmuseum in Holzhausen oder die »Kloßwelt Heichelheim«, das Thüringer-Kloß-Museum, nördlich von Weimar besucht. In beiden Museen kann man sehr gut sehen, dass wir Thüringer ironiefähig sind. Sogar wenn es um unsere gastronomischen Großereignisse geht.

Thüringen, was verbindet man heute noch damit? Natürlich Natur. Ein Wald heißt Thüringer – der Wald, der Thüringen den Beinamen »Grünes Herz Deutschlands« eingebracht hat. Als ob anderswo die deutschen Wälder nicht grün wären. Nun, wir waren allerdings die Ersten, die laut riefen, dass unser Wald grün ist. Genauer gesagt, es war der Wanderfreund und Schriftsteller August Trinius, der nach dem Vorbild von Fontanes »Wanderungen durch die Mark Brandenburg« zwischen 1886 und 1902 acht Bände seines »Thüringer Wanderbuches« veröffentlichte. Oft genug wiederholt, wurde »Das grüne Herz Deutschlands« eine feststehende Redewendung. Kleiner Wehmutstropfen (es muss ja nicht immer Alkohol sein) für uns Thüringer: Der Herr Trinius war ein gebürtiger Sachse aus Schkeuditz. Aber recht früh als Kind in Erfurt thüringisch sozialisiert. Er löste mit seinen Thüringer Wanderbüchern, besonders mit seinem Rennsteig-Buch (er nannte ihn Rennstieg), einen regelrechten Rennsteig-Wander-Boom aus. Trinius starb in Waltershausen. Eine Straße und eine Gedenktafel erinnern dort an ihn.

Weil aber der Thüringer Wald eben nur ein Teil des Bundeslandes ist, gibt es immer wieder Versuche, einen gesamtthüringer Werbespruch zu finden. Vergebliche Liebesmüh'. Eine Thüringer Zeitung sammelte mal Hunderte neue Vorschläge – Ernstgemeintes und witzig Formuliertes, Gereimtes und Ungereimtheiten, Artigkeiten und Frechheiten, Thüringen in Masse und im Detail. Aber was kam in der abschließenden Wahl des besten Werbespruchs heraus? Ein Wahlergebnis wie für DDR-Politiker. So viel Prozente gibt es gar nicht, wie Stimmen abgegeben wurden für »Thüringen – das Grüne Herz Deutschlands«. Verwunderlich ist bei der ganzen Angelegenheit nur, dass nicht auch »das« mit großem »D« geschrieben wird.

Nun denn, dann geben wir uns diesem grünen Werbewunder etwas hin. Die Fakten: Der Thüringer Wald ist ein Teil des Thüringisch-Fränkischen Mittelgebirges, und er hat sogar eine eigene Telefonnummer. Das ist kein Scherz, sondern eine clevere Thüringer Marketing-Idee. Gibt man im weltweiten Netz »Thüringer Wald« als Suchwort ein, findet man als Kontaktmöglichkeit vom Mensch zum Wald die 03 682–477 690. Neugierige, anrufen! Aber tagsüber. Nachts hat der Thüringer Wald nur seinen etwas krächzenden Anrufbeantworter angeschaltet.

Der Thüringer Wald erstreckt sich im erweiterten und im engeren Sinne. Im erweiterten Sinn ist er etwa 150 Kilometer lang, 35 Kilometer breit und seine höchsten Gipfel schaffen es nicht bis auf tausend über Normalhöhennull. Es gab nicht nur die Idee, sondern auch schon erste praktische Handlungen, die höchsten Erhebungen Thüringens durch Aufschüttung auf Tausendermaß zu bringen. Man hörte, der Yeti soll im Himalaja sehr von oben herab gelacht haben. Aber sonst hat die Aktion außer Spaß und etwas medialer Aufmerksamkeit nichts gebracht.

Einzig auf dem Schneekopf kann man nach 126 Turmtreppenstufen die 1000-Meter-Marke knacken. Auf einer Höhe von 1001 Metern und 12,5 Zentimetern über Normalnull geht der Blick weit über Thüringens Grenzen hinaus.

Der Thüringer Wald im engeren Sinne beschränkt sich auf den nordwestlichen Teil. Wenn man mit Blick nach Norden auf dem Gebirgskamm steht und zwar in Neustadt am Rennsteig, liegt links der Thüringer Wald und rechts das Thüringer Schiefergebirge. Übrigens verwechselte mancher gern Neustadt am Rennsteig und den wenige Kilometer entfernt liegenden Ort Neuhaus, ebenfalls am Rennsteig. Um klarer unterscheiden zu können, erfand ein findiger Postbeamter, als es noch keine Postleitzahlen gab, für Neuhaus die Ergänzung »am Rennweg«. Tatsächlich handelt es sich aber doch um den Rennsteig.

Der jetzt schon mehrfach erwähnte Rennsteig ist der Kammweg des Thüringer Waldes im erweiterten Sinne. Dieser Wanderweg ist ein Wunderweg, was die Länge angeht, denn man unterscheidet das historische Maß von 168,3 Kilometern vom Neumaß, dass kurz nach der zweiten Jahrtausendwende gemessen wurde: 169,3 Kilometer. Als Deutschland geteilt war, war der Rennsteig freilich viel kürzer. Wer mehr, nein, eigentlich alles über den Rennsteig erfahren möchte, begebe sich ins Rennsteigmuseum in Neustadt am Rennsteig, wo von Rennsteigliteratur über Grenzsteingesamtkatalog bis Rennsteigchronik alles gesammelt ist. Dort erfährt man auch, dass Rennsteig vom mittelalterlichen »Rynnestig« kommt, was einen Bergpfad meinte, auf dem sich reitende oder rennende Boten schnell bewegen konnten. Und Rynnestige gibt es in Deutschland mehrere, aber es gibt nur den einen einzigen wahren Rennsteig.

Alles Wissen nützt freilich nichts, wenn man sich diesen wunderschönen Höhenweg nicht selbst, wenigstens teilstückweise, erlaufen hat. Von 1897 bis 1942 veranstaltete der Rennsteigverein jährlich die große »Runst«, eine Wanderung in sechs Etappen. Wer es vollständig will, muss an der Werra in Hörschel bei Eisenach beginnen und geleitet von den »Mareiles«, der charakteristischen weißen »R«-Markierung, bis nach Blankenstein an das

Ufer der Saale wandern. Märchenhaft anmutende Teilstücke wie die Drachenschlucht bei Eisenach wechseln mit weiten Ausblicken in anmutig gewellte, grüne Landschaften und mit Wegstücken durch dichte Kiefern- und Fichtenwälder. Die vielen alten Grenzsteine, die man unterwegs passiert, verweisen auf die Zahl der Staatsgrenzen, die den Rennsteig einst durchschnitten.

Als 1920 das Land Thüringen gegründet wurde, suchte man nach jahrhundertelanger Zersplitterung Einheitliches. Möglichst symbolkräftig sollte es sein. Da bot sich die Liebe der wanderfreudigen Einheimischen zum Thüringer Wald an. Und da die Wanderfreudigen zumeist auch sangesfreudig wanderten und die einheimische Tierwelt erschreckten, suchte man nach Text und Melodie für eine Vereinheitlichungshymne.

Bis zur Fürstenabdankung 1918 hatte fast jedes Herzogtum seine eigene Hymne. Gehörte sich ja so für einen eigenständigen Staat. Die Meininger sangen den Text Ludwig Bechsteins »Brüder, singt mit lautem Freudenschall unsern Vaterlandsgesang« und die von Sachsen-Weimar-Eisenach hatten sich Textzeilen wie »Möge Gott dich stets erhalten, Weimars edles Fürstenhaus« von Franz Liszt vertonen lassen.

Die Hymne Thüringens ist nicht das Lied des nach Thüringen kurzzeitig eingewanderten Herrn Rainald Grebe. Wir lassen uns nicht verhohnepiepeln und nachsagen, wir würden Hunde essen. Nein, die Hymne Thüringens heißt »Thüringen, holdes Land«. Das feierliche Lied hat es leider nie bis zu einem festgeschriebenen Hoheitszeichen gebracht. Denn neben Flagge und Wappen, Abzeichen und Dienstsiegeln kann auch die Hymne ein staatlich geschütztes Staatssymbol sein. In der Verfassung des Freistaates Thüringen steht gar nichts von Hymne. Dabei ist sie so anrührend, so herz- und hirnerweichend. Und sie hat den Thüringern für ein paar Monate in den Zwanzigerjahren des vorigen Jahrtausends eine gemeinsame Identität gestiftet. Jedenfalls immer, solange das Lied gerade gemeinsam gesungen wurde. Text und Musik stammen von den allseits unbekannten Künstlern Ernst Viktor Schellenberg und Carl Müllerhartung.

Thüringen, holdes Land, wo meine Wiege stand,
Frühling ist überall, Freude und Lust.
Lieder, strömt fröhlich aus, flattert von Haus zu Haus,
sucht eine Ruhestatt an Liebchens Brust.
O frisches Waldesgrün, rosige Wangen blühn,
aus jedem Fenster winkt lächelnd ein Gruß.
Brünnlein, wie quillst du hell, Bächlein, rausch nicht so schnell,
dass nicht zu früh uns welkt Rose und Kuss.
Thüringen, holdes Land, wo meine Wiege stand,
sterb ich, so nimm mich sanft in deinen Schoß.
Lüfte, umweht das Grab, Tannen, rauscht kühl herab,
Rehe umspielen dann Hügel und Moos.

Wer kämpft für die Wiedereinführung dieser Hymne? Heutzutage keiner mehr. Ist auch nicht nötig, denn wenn die Thüringer ein Identität stiftendes Lied singen wollen (und sofern sie Liebhaber von volkstümlicher Musik sind), dann singen sie für gewöhnlich das Rennsteig-Lied.

Ein unaufmerksamer Zeitungsredakteur oder eine herzlose Worttrennungsmaschine machte übrigens mal in einer Thüringer Tageszeitung aus dem Rennsteig-Lied ein Rennstei-Glied. Solche sexuellen Entgleisungen beschädigen den heiligen Ernst unserer heimlichen Hymne. Pfui!

Im Ernst: Das Rennsteig-Lied ist vielen Stimmbändern hierzulande und grenzüberschreitend bekannt. Es hat Volksliedcharakter. Im Gegensatz zu manchem Volkslied ist es ein Kunstlied und brauchte nur ganz kurze Zeit, um volkstümlich zu werden. Von Suhl aus trat es seinen Siegeszug an. Herbert Roth schrieb die eingängige Melodie. Den Text trug Roths langjähriger Freund Karl »Kaschi« Müller bei. Im Saal des heutigen Hotels »Zum Goldenen Hirsch« in Hirschbach bei Suhl, damals ein Gemeindesaal, erklang es im April 1951 erstmals öffentlich. Das Duo Roth-Müller hat noch viele Lieder geschrieben, aber keines erreichte die große Popularität des Rennsteig-Liedes.

Wenn man dieses Lied ohne jeglichen Hintergedanken freundlich und musikalisch richtig vorträgt, kann man selbst bei Thüringern, die sonst volksmusikfeindlich eingestellt sind, punkten. Wir zeigen nur nicht jedem, dass man uns am Herze rührt, wenn gesungen wird:

Ich wandre ja so gerne am Rennsteig durch das Land,
den Beutel auf dem Rücken, die Klampfe in der Hand.
Ich bin ein lust'ger Wandersmann, so völlig unbeschwert,
mein Lied erklingt durch Busch und Tann, das jeder gerne hört
Diesen Weg auf den Höh'n bin ich oft gegangen
Vöglein sangen Lieder.

Bin ich weit in der Welt, habe ich Verlangen,
Thüringer Wald nur nach Dir.
Durch Buchen, Fichten, Tannen so schreit' ich in den
Tag,
begegne vielen Freunden, sie sind von meinem Schlag.
Ich jodle lustig in das Tal, das Echo bringt's zurück.
Den Rennsteig gibt's ja nur einmal und nur ein Wan-
derglück.
Diesen Weg auf den Höh'n bin ich oft gegangen
Vöglein sangen Lieder.
Bin ich weit in der Welt, habe ich Verlangen,
Thüringer Wald nur nach Dir.
An silberklaren Bächen sich manches Mühlrad dreht,
da rast' ich, wenn die Sonne so glutrot untergeht.
Ich bleib', so lang es mir gefällt und ruf es allen zu:
Am schönsten Plätzchen dieser Welt, da find ich meine
Ruh.
Diesen Weg auf den Höhen bin ich oft gegangen
Vöglein sangen Lieder.
Bin ich weit in der Welt, habe ich Verlangen,
Thüringer Wald nur nach Dir.

Des Landes Hauptstadt Erfurt

Will man es sich als Erfurter mit einer Menge Thüringer Mitbürger verscherzen, muss man nur »Erfurt! Erfurt!« rufen. Der Doppelruf ist vielen um die Hälfte zu ausufernd. Erfurt ist zwar die größte Stadt Thüringens, aber nach der Bevölkerungszahl. Was hat das mit wahrer Größe und Wichtigkeit zu tun?

Es sind alte Eifersüchteleien, die teils tief in der Geschichte und in den Seelen der Nicht-Erfurter wurzeln. Und immer wieder köchelt die Frage hoch, wieso ausgerechnet dieses Erfurt, dieses Mainz-Preußen, zur Hauptstadt Thüringens geworden sei. Diese Ehre hätte doch zumindest Weimar zufallen müssen.

Mehrfach wurde kolportiert, dass ausländische Touristen, vor allem Amerikaner, kaum etwas über »Sjuringja« wüssten – Thüringen vorn mit englischem »th«. Fragt man sie nach Erfurt, erntet man meist ratlose Blicke. Dann hilft nur noch die Erklärung »Erfurt bei Weimar«. *Oh yes, Weemahr, fine, my grandfather was there.*

Amerikanische Truppen standen am Ende des Zweiten Weltkriegs in ganz Thüringen. Sie hatten die Überlebenden des KZ Buchenwald endgültig befreit und Weimar zum Hauptquartier der Militärregierung für die neu konstituierte »Provinz Thüringen« erkoren, die Thüringen und einige westsächsische Kreise umfasste. Drei Monate wehte das Sternenbanner über Thüringen. Anfang Juli 1945 fuhren 65 Züge mit über 3000 Waggons voller Soldaten, Militär- und Beutegut gen Westen. Schließlich kam die Sowjetarmee, und das Beutegut wanderte nach Osten. Ab und an kommt heutzutage mal ein gutes Stück zurück.

Und dann nahm man Weimar auch noch den Status der wichtigsten Thüringer Stadt, als der Landtag 1948 Erfurt zur Hauptstadt erklärte. Anders wäre es aber auch undenkbar gewesen, denn Weimar war ab 1920 nicht nur Hauptstadt des »kleinthüringischen Landes«, sondern vor allem bis 1945 Hauptstadt des gesamtthüringischen NSDAP-Gaus gewesen. Und eine von Hitlers Lieblingsstädten, weil die dortigen Städter ihn liebten und ihn immer wieder auf den extra für ihn gebauten Balkon am neuen Hotel »Elephant« riefen. Aus der Stadt der Dichter und Denker schallte es bittend: »Lieber Führer, komm heraus aus dem Elefantenhaus!« Und Adolf trat gern und oft heraus aus seiner Privatsuite auf den Balkon.

Dieser Teil der Geschichte schien überwunden zu sein, als sich 1991 noch einmal die Chance auftat, Thüringens Hauptstadt wieder an den ihr zustehenden Ort zu verlegen. Lächerlich, dass sich da auch noch Jena und Gera und sogar Nordhausen bewarben. Der Wahlkampf tobte, es wurde mit harten Bandagen gekämpft, laut, und nicht immer mit den lautersten Argumenten. Alles spitzte sich zu auf ein Duell Erfurt gegen Weimar. Am 10. Januar 1991 wurde Weimars Schicksal besiegelt. Von den 88 Abgeordneten des Landtags votierten 49 gegen die Klassikerstadt.

Dabei kann man der Stadt Erfurt ihre Geschichte nicht vorwerfen. Ist eben so passiert. Kein Erfurter kann etwas dazu, dass um 673 ein gewisser Wynfreth (auch als Winfried archiviert) im Südwesten Englands geboren wurde, der bei den Benediktinern Priester wurde und Lehrer für Grammatik und Dichtung. Wäre es bei dieser literarisch-theoretischen Ausrichtung geblieben, kein Problem, aber Wynfreth fühlte sich zur ganz praktischen Missionierung aller Heiden auf dem Festland verpflichtet. Anfangs klappte es nicht so gut, bei den Friesen, die sorgten auch für seinen Tod 754 oder 755. Bis dahin aber hatte Wynfreth den Missionarsturbo eingeschaltet: 718/19 pilgerte er nach Rom, um sich von Papst Gregor II. den Segen für seine Tätigkeit zu holen. Fortan war er unter dem Pseudonym Bonifatius im Auftrag des Herrn unterwegs und lief kreuz und quer durch das heutige Europa. Alles zu Fuß!

Jahrelang zog der römisch-katholische Wanderbursche durch Gebiete im heutigen Hessen, Thüringen und Bayern. Natürlich nicht solo. Bewaffnete schützten ihn, Handwerker und Priester waren dabei, um unterwegs Niederlassungen und Klöster zu gründen und aufzubauen. 742 gründete er gleich vier neue Bistümer, darunter eines in Thüringen: Erfurt. Das ist schriftlich verbürgt. Es steht in einem Brief an den Papst Zacharias und gilt als Ersterwähnung. Wurde schon gesagt, dass Erfurt für damalige Verhältnisse eine mittlere Großstadt war? Und, heute würde man sagen, ein Oberzentrum. Voller Heiden. Eine Heidenarbeit, die alle zu bekehren. Manchmal schaffte es Bonifatius schlagartig, sozusagen. Seine bekannteste Tat ist die Fällung der dem Gott Thor geweihten Eiche in Geismar. War es ein singuläres Ereignis? Man weiß es nicht, denn auch Erfurt reklamiert einen solchen Vorfall für sich. Kann auch sein, dass die Sache kurzerhand nach Erfurt verlegt wurde, um ein wirksames erstes Bild für den Geschichtsfries im Erfurter Rathaus zu haben. Bild wirkt besser als Text, weiß man. Und auf dem riesigen Bild steht Bonifatius, als habe er gerade solistisch den dicken Baum umgehauen und einen Kreuzstab darauf platziert. Nein, Mithacker und »Polizeischutz« sind schnell mal aus dem Bild getreten, um die Symbolkraft nicht zu schmälern. Da steht er nun, der »Apostel der Deutschen«, die Eiche liegt und die Heiden sitzen heulend und zähneklappernd herum.

Eine wunderbare Inszenierung ist diese Augenblicksaufnahme da im Erfurter Rathaus. Die Christianisierung zog sich dann doch etwas hin. Aber immerhin war Erfurt nun endlich aktenkundig.

Dabei gab es schon um 100 000 vor dem Jahre Null altsteinzeitliche Thüringer. Und vor rund 2000 Jahren kullerte dem damaligen Besitzer eine keltische Silbermünze weg, die erst bei Grabungen in unserer Zeit wiedergefunden wurde.

Und ungefähr dreihundert Jahre, bevor Bonifatius den Brief an den Papst schrieb, ritzten Erfurter Toringi Runen in einen Kamm. Als in den 1990er-Jahren die A71 gebaut wurde, fraßen sich die Bagger in die Reste einer Germanensiedlung. Archäologen fanden in einem

Opferschacht besagten Runen-Kamm und damit das bisher älteste deutsche Exponat mit Schrift. Was steht auf dem Kamm? Sieht aus wie „>FBF«. Das spricht sich »kaba« und heißt auf Hochdeutsch: Kamm. Hätte man sich vielleicht denken können.

Wenn man auf eine Landkarte schaut, ist ziemlich unverständlich, warum die Bistümer Mainz und Erfurt 755 zusammengelegt wurden. Nun, des Papstes Wille ist sein Himmelreich. Ein halbes Jahrhundert später war Erfurt fränkische Königspfalz, und noch immer ließen die Mainzer ihr »Grundstück« nicht los. Um die Jahrtausendwende beanspruchten die dortigen Erzbischöfe, auch die weltlichen Herren Erfurts zu sein. Die Stadtwappen sagen einiges aus über dieses Verhältnis: Während Mainz auf rotem Grund zwei silberne Räder hat, die mit einem Silberkreuz verbunden sind, blieb für Erfurt nur ein Rad ohne Kreuz. Erfurt als das fünfte Rad am Wagen der Mainzer Herren? Von wegen!

Mit einem Zehntel der heutigen über 200 000 Einwohner gehörte Erfurt im Mittelalter zu den Großstädten, vergleichbar mit Nürnberg, Köln und Magdeburg. Erfurt strotzte vor Wirtschaftskraft. Hier war der absolute Mittelpunkt des Handels im mittleren Heiligen Römischen Reich während des mittleren Mittelalters. (Siehe da, das Mittige hatten wir doch schon abgearbeitet.) Aber diese spektakuläre Zentrumslage, Kreuzungspunkt der wohl wichtigsten Handelsstraßen, der Via Regia (von Santiago de Compostella über Erfurt bis Breslau und weiter bis Kiew oder Moskau) und der Verbindung zwischen Nürnberg und Ost- und Nordsee, war Gold wert. Die Pferdefuhrwerke der Händler mussten durch das stark befestigte Erfurt hindurch, auf jeden Fall durch die Waagegasse, um dort die Waren zu verzollen.

Man gehe – befahren ist fast unmöglich – durch diese heute noch original erhaltene Gasse und frage sich, wie in so einem schmalen, verwinkelten Durchgang damals Welthandel funktionieren konnte. Die Verwinklung war der Trick, denn an den Straßenknicks waren Tore, durch die man mit dem Fuhrwerk in Höfe hineinfahren konnte, um anderen Gespannen auszuweichen oder selbst zu wenden. Auffällig sind in der Gasse auch vor die Hausecken gesetzte Steine, die Kurvensteine. Kutscher, die die Kurve nicht kriegten, schrammten seitlich an die Steine, sodass die Kutsche einen Hopser machte und ihre richtige Spur wiederfand. Es war genial einfach.

Und Erfurt war ein hervorragender Platz zum Geldverdienen. Ach was, Geld!? Goldene Nasen verdiente man sich. In den protzig-schönen Häusern einiger Bürger war Fettlebe angesagt. Luther sprach von Erfurt als einer »Schmergrube«. Das meiste Geld verdiente man mit Waid, einer rapsähnlichen Pflanze, deren Blätter nach zweijähriger Anbauzeit geerntet und in Waidmühlen zermüllert wurden. Die grüne, faserige Pampe wurde zu faustgroßen Kugeln geformt und das Halbfabrikat in Erfurt abgeliefert. Nur in ausgewählten Städten (neben Erfurt vor allem noch Arnstadt, Gotha, Langensalza und Tennstedt) durften die Waidballen weiterverarbeitet werden. Ein langwieriger Prozess abwechselnden Trocknens und Wiederbefeuchtens, bei dem die flüssigen Stoffwechselendprodukte der Waidgesellen eine große Rolle spielten. Für Alkoholiker war Waidknecht ein toller Beruf, denn getrunken werden musste. Damit man oft musste. Das gehörte zur Funktionsbeschreibung des Jobs.

Dann wurde Waid zerrieben, zu Pulver gemahlen, gesiebt und in kleine Fässer verpackt. So ein Fass wurde mit Gold aufgewogen. Weil es damals die einzige Möglichkeit war, ein Stück Stoff blau zu färben. Mit Waidpulver.

Die Herstellung des Farbstoffs und der Handel damit waren stark monopolisiert. Klar, dass die größten und schönsten Häuser direkt in den Zentren der Waidstädte den Waidjunkern gehörten. Waidjunker klingt gar nicht mehr bürgerlich. So einen Titel durfte nur tragen, wer pro Jahr mehr als tausend Taler verdiente. Auch eine Form von Titelhandel.

Aber weil die Waidjunker zu gierig wurden, ausschließlich Waid angebaut wurde, ohne Abwechslung in der Fruchtfolge, spezialisierten sich Schädlinge auf das Fressangebot, die Erträge gingen zurück. Der Dreißigjährige Krieg brachte Waidanbau und Waidhandel fast vollständig zum Erliegen. Und dann war ganz plötzlich das Blaufärbemonopol dahin. Als 1630 sieben holländische Handelsschiffe rund 170 Tonnen Indigo aus Ostindien nach Europa brachten, war dies Handelsgut im Wert von einer halben Million Taler. Dafür hätte man damals fast die ganze Stadt Erfurt kaufen können.

Bevor die Erfurter Wirtschaftskraft globalisierungsgebeutelt ermattete, gab es noch einige gute Jahre. So gut, dass man sich eine Universität leisten konnte. Fast hätte Erfurt »Erster!« rufen können, aber die Stiftungsurkunde (auch »Bulle« genannt) stellte 1379 Clemens VII. aus, und der war lediglich Gegenpapst. Nun war aber Erfurts Oberchef, der Mainzer Erzbischof, auf die Seite von Papst Urban VI. gewechselt, was die »Erster!«-Rufe unmöglich machte. Als die Alma Mater erfordensis 1392 als dritte deutsche Uni ihre Pforten öffnete, war das der Beginn eines Bildungsbooms. Keine Universität zog so viele Studenten an wie die Erfurter. Auch Martin Luther studierte hier, bevor der Blitz ihn in eine andere Studienrichtung lenkte. Etwas ausführlicher findet man diese Geschichte, wenn man ein paar Seiten weiterblättert.

Wie schon angedeutet, lief die Erfolgskurve Erfurts im Weiteren nach unten. 1682/83 raffte die Pest über die Hälfte der Bevölkerung hin. Dann passierte viele Jahre nicht viel. Bis die Erfurter 1802 plötzlich preußische Untertanen wurden, als Entschädigung für die den Preußen verlorengegangenen linksrheinischen Gebiete. Was hatten die Erfurter damit zu tun? Nichts. Dann ritt Napoleon in die Stadt ein. Der Jubel war groß. Der kleine Korse mit dem großen Ego machte Erfurt, den Landkreis und Blankenhain zu seiner personengebundenen Domäne. Niemand außer ihm durfte dort hineinregieren, in das Fürstentum Erfurt.

Was waren die Erfurter stolz, plötzlich Fürstentümler zu sein. Das waren sie ab 1807 sieben Jahre lang. Anschließend sorgten die preußischen Truppen in einer Nacht- und Nebelaktion für die heutige Größe des Domplatzes. Bei dichtem Nebel hatte der preußische Befehlshaber Friedrich von Kleist die Stadt stundenlang beschießen lassen. Erstaunlicherweise wurden zwar über hundert Häuser unterhalb des Domberges in Schutt und Asche gelegt, aber nur zwei Erfurter starben bei dem Bombardement. Erfurt wurde abermals preußisch. Achtung, liebe Weimarer, jetzt kommt's: Die Preußen waren entweder überfröhlich oder fragten sich, was sie mit den paar Quadratmetern Thüringer Bodens anfangen sollten, und verschenkten Blankenhain und den größten Teil des Landgebietes zwischen Erfurt und Weimar an den Fürsten von Sachsen-Weimar-Eisenach. Nur Erfurt behielten sie. Was soll man den Erfurtern vorwerfen? Dass sie nicht auch verschenkt wurden?

Mit der Stadt ging es langsam wieder aufwärts. Um 1900 war Erfurt die größte Samenbank der Welt. Blumen- und Gemüsesamen. Verschämt wurde Erfurt Blumenstadt genannt. 1906 wurde Erfurt Großstadt. Von den nunmehr rund 100 000 Einwohnern blieben über dreieinhalb Tausend auf den Schlachtfeldern des Ersten Weltkrieges. Daheim verdorrten die Felder.

Und als 1920 das »Land Thüringen« wie Phönix aus der Asche wiedererstand, da wurde Weimar Landeshauptstadt. Warum? Nun, weil Erfurt gar nicht zur Verfügung stand, denn die preußischen Gebiete durften auf Anweisung aus Berlin nicht mitthüringisiert werden.

Ob preußisch oder nicht, das war den Alliierten egal. Bis Anfang April 1945 hatte Erfurt zwar fast dreißig Luftangriffe erlebt, war aber glimpflich davongekommen. Für den 3. und 4. April plante die Royal Air Force ein Flächenbombardement. Weil jedoch die amerikanischen Bodentruppen unerwartet schnell vorrückten, blieb der Stadt die mögliche Totalzerstörung erspart.

Die weitere Hauptstadtgeschichte kennt man ja schon.

Erfurt wird wieder Knotenpunkt genannt. Ganz in der Nähe kreuzen sich wichtige Straßen, die Autobahnen A4 und A71. Autobahnen sind ein logischer Grund für Logistikunternehmen, sich hier anzusiedeln. Dieses Buch zum Beispiel wird sicher über Erfurt, wo das modernste Buchverteilzentrum Europas steht, zur Leserschaft gelangen.

Die Deutsche Bahn macht Erfurt zum ersten Dominostein. Sollte der wackeln oder gar zeitweilig ausfallen, hätte das bundesweite Auswirkungen. In Weimar hingegen hält neuerdings nicht mal mehr ein ICE. Die Schadenfreude der Erfurter hält sich in Grenzen. Denn man weiß ja, wie weltweit für Erfurt geworben wird: Erfurt bei Weimar.

Wenn die Touristen allerdings in Erfurt sind, dann rufen sie »Ah!« und »Oh!«, laufen durch ein mittelalterliches Flächendenkmal, besuchen die Museen, gehen über die Krämerbrücke, ohne es zu merken, weil links und rechts auf der Brücke Häuser stehen, setzen sich neben das Sandmännchen oder gehen abends in die neue Oper oder in alte Waidspeicher, wo aktuelles Kabarett und modernes Puppentheater gespielt werden. Sie übernachten, flanieren weiter durch die Stadt, begegnen freundlichen Menschen, schauen neugierig auf die Grabplatte im Dom, auf der ein Fürst und zwei Damen zu sehen sind, die mit päpstlicher Erlaubnis gleichzeitig verheiratet gewesen sein sollen, hören die Musik des Erfurters Clueso, vielleicht sitzen sie da gerade im Venedig – dem Park und Wohngebiet mit verschiedenen Wasserläufen, Inselchen und Brücken – oder in einem der vielen Erfurter Cafés und lesen Zeitung, sei es ein am Bahnhof erstandener »Berliner Tagesspiegel«, in dem man erfährt: »Erfurt, das sind ja auch wuselige Straßen selbst abends, chillende Menschen an der Gera, eine in Ostdeutschland seltene, mediterrane Gelassenheit und Neigung, das Leben draußen zu leben. Dass die Krämerbrücke die einzige vollständig bebaute Brücke nördlich der Alpen ist, passt hervorragend ins Bild: Florenz lässt grüßen.«

Die Erfurter – die Italiener Deutschlands.

Einfach sagenhaft

Wo soll man beginnen, wo aufhören? Dies ist ein an Sagen reiches Land. Aber sind die alten Geschichten heute noch zu gebrauchen? Aber selbstverfreilich. Höret! Gar Wundersames wird berichtet von bösen Kobolden und hilfsbereiten Zwergen, von freigiebigen Spenderinnen und reichen Geizkragen, von reumütigen Mördern, einer gewalttätigen Frau Holle und einer bärtigen Jungfrau. Geschichten von Sex and Crime, untermalt mit Lautenmusik. Es ist der Sound vergangener Zeiten, trotzdem ist der Text zur alten Melodei oft frisch wie eine aktuelle Nachricht in der Tageszeitung. Man muss nur richtig lesen, manchmal zwischen den Zeilen.

Nehmen wir nur einmal die Geschichte von der Namensgebung für uns Thüringer. Die führt uns direkt zu der Sage über eine adlig-ludowingische Hinterlist bei der Gründung der Wartburg. Und anschließend gelangen wir mit einem kleinen Umweg über die Wahrheit direkt in die Gegenwart. Aber der Reihe nach…

Die Märchenonkel der Nation, die Grimm-Brüder, haben die erste Sage aufgeschrieben: Sächsische Kampftruppen seien raubend und mordend durchs heutige Europa gezogen und schlussendlich in dieses Land hier hereingebrochen und hätten die einheimischen Germanengruppen bedrängt. Blutig sei der Kampf gewesen, und er habe keinen Sieger gesehen. In der sich anschließenden längeren Kampfpause müssen den Sachsen die Essensvorräte ausgegangen sein, und so boten sie einem Hiesigen etwas von ihrem zusammengeräuberten Gut an, Gold und ähnlich Wertvolles. Was sie dafür im Gegenzug haben möchten, wurden die Sachsen gefragt. Und ein Eindringling soll zum Einheimischen gesagt haben: »Gib mir, was du magst!«, wobei er sicher an Fleisch und etwas Gemüse dachte. Der Einheimische schlug ein, nahm das Gold, lachte sich ins Fäustchen, füllte einen Sack mit Erde, übergab diesen Erdsack und sagte: »Das mag ich dir geben!«

Und nun? Bärisches Gelächter auf beiden Seiten. Die Einheimischen und die Sachsen dachten gleichzeitig, wie erfolgreich man die andere Seite über den Tisch gezogen habe. Am lautesten lachten die Sachsen, als sie die eingetauschte Erde mit kräftigen Streuwürfen rundum verteilten und behaupten konnten, das sei rechtmäßig erworbener Grund und Boden und alle Nichtsachsen mögen nun bitte das sächsische Gebiet verlassen. Wieder Kampf, wütendes Gekloppe und Menschenumgebringe. Wieder kein Sieger. Man einigte sich auf Friedensverhandlungen. Und diese nutzten die heimtückischen Sachsen weidlich, indem sie ihre unter den Wämsern versteckten Kurzschwerter hervorzogen und die unbewaffneten Friedensverhandler der Gegenseite massakrierten. Zum Körperschaden kam der Spott dazu. Die Einheimischen hätten sich streittoll und töricht gezeigt, riefen die Sachsen, sie seien »Notdöringe« gewesen. »Thüringer« ist nach dieser Sage also ein Neck- oder Uzname. Na, danke aber auch!

Wenn man heute einen Menschen mit Namen wie Döring oder During oder Diringer trifft, könnte man also denken: Aha, dessen Vorfahren sind den Sachsen auf den Leim gegangen.

Und was hat das nun mit der Wartburgsage zu tun? Das ist eine schnell erzählte Spekulationsgeschichte um den betrügerischen Erwerb von fremdem Grund und Boden: Die Ludowinger, ein Fürstengeschlecht aus dem Mainfränkischen, seien ins Land der Thüringer gekommen. Ein Ludwig, nämlich Ludwig der Springer, habe sich beim Anblick eines Berges ins Fäustchen gelacht, dann Erde von eigenen Besitzungen heraufkutschieren lassen und den Baubeginn befohlen. Eine feste Burg sollte da wachsen. Die Wartburg. Beschwerden anderer einheimischer Fürsten bis hoch zum Kaiser, das sei doch ihr Land, konterte Ludwig, indem er ein Dutzend ritterliche Ehrenmänner ihre Schwerter in den Boden rammen und schwören ließ, dass auf seinem Grund und vor allem Boden gebaut werde. Es wurde ja wirklich auf seinem Boden gebaut, er hatte die Erde schließlich herbringen lassen. Ein fieser Trick. Übrigens sächsisches Know-how! Der Erdsack lässt grüßen. Von den Sachsen lernen, heißt siegen lernen. Und die Ludowinger wurden so die mächtigsten Herren in Thüringen. In Zeiten, da es noch kein Katasteramt gab, konnten betrügerische Bodenspekulanten ganz einfach zu mächtigen Herrschern werden.

Und nun der kleine Umweg über die Wahrheit. Es sind sogar zwei Wahrheiten. Leider besteht die erste Wahrheit darin, dass niemand mit Bestimmtheit sagen kann, woher der Name Thüringer nun wirklich stammt. Die nettesten Erklärungsversuche sind, dass die Römer unsere Vorfahren als Söhne Thors bezeichneten: Thoringi. Die alten Lateiner schrieben toringi. Angeblich soll es gar der berühmte Tacitus gewesen sein, der uns so benannte. Andere Erklärungen verweisen darauf, dass im Wort Hermunduren schon »dur« drinstecken würde, und die Hermunduren seien schließlich unsere germanischen Vorfahren. Vorsichtshalber wurde 1920, als das Land Thüringen neu gegründet wurde, der Landesname mit »h« geschrieben und nur mit einem »r«. Wir haben schließlich nie mit Türen gerungen. Jedenfalls gibt es dazu keine Sage.

Und die zweite Wahrheit? Die Ludowinger haben da oben auf dem Wartburg-Berg in Wirklichkeit nicht zwölf Ritter schwören lassen. Das wäre ein viel zu großes Risiko gewesen, weil Adelige und Ritter damals die Seiten öfter wechselten als wir heute unsere Hemden. Man brauchte jedoch einen verlässlichen Partner für den frechen Landraub. Die Ludowinger hatten Benediktinermönche aus dem Nordschwarzwald mit nach Thüringen gebracht und ihnen anno 1085 ein Kloster gestiftet.

Die dankbaren Mönche stellten mehrere kaiserliche Urkunden her (dazu auch ein päpstliches Dokument und etwas Erzbischöfliches), mit denen die Eigentumsrechte der Ludowinger verbürgt wurden. Warum soll man sich auch mit Erde die Schwerter schmutzig machen, wenn man professionelle Urkundenfälscher an der Hand hat.

Und vielleicht gar *in* der Hand, weil sich die Fälscher gleich noch selbst illegal ein paar Quadratmeter urkundlich verbürgten. Nun, da schaut man doch als Landesherr generös drüber hinweg. Es ist ja genug Grund und Boden da. Erst Ende des 19. Jahrhunderts wies ein Historiker nach, dass die täuschend echt signierten und gesiegelten Urkunden eben doch nur hervorragend gelungene Täuschungsversuche waren.

Als nach der Wende wieder Männer aus Mainfranken und Frankfurt am Main nach Thüringen kamen, brachten sie alte Vorkriegs-Urkunden mit und in der Folge viel Thüringer Boden in ihren Besitz.

So, aber jetzt kommt mal was Schönes. Eine Sage mit Herzschmerz und Liebe. Und ein Happy End muss auch sein. Lassen wir es menscheln. Begeben wir uns darum nach Weida. Und nach dem Happy End dürfen wir sogar noch nach Weimar reisen.

Im Dreißigjährigen Krieg war die Stadt Weida gebrandschatzt worden. Erst langsam erholten sich das Land, die Steuerkasse und das Bauwesen. Als die Osterburg wieder aufgebaut wurde, engagierte Herzog Moritz von Sachsen-Zeitz einen äußerst talentierten Zimmermann. Eine gewisse Margarete wurde die Julia des Zimmermann-Romeos. Aber auch der Junker von Brandenstein hatte ein Auge auf Margareten geworfen. Als die Junkerhand zu dreist an Margaretens Körper herumtatschte, legte der Zimmermann mündlich Beschwerde ein. Der Junker, leicht besoffen, zog eine Stichwaffe, aber das Talent des Zimmermanns reichte auch zum Festhalten von bewaffneten Junkerhänden. Die Physik tat ihr Übriges, und der junkereigene Schwung spießte dessen Körper auf die eigene Waffe. Der Junker verschied unter einer Eiche. Happy End? Nein, noch lange nicht.

Nach Flucht, Verrat und Gefangennahme landete der Zimmermann als verurteilter Mörder im Hundeloch, dem Gefängnis auf der Osterburg. Margarete flehte um Gnade. Der angeflehte Herzog Moritz schob die Hinrichtung auf, stellte aber eine Bedingung: Der Zimmermann solle ohne fremde Hilfe in einem Jahr aus der Eiche, unter der der Junker starb, eine Treppe für das Schloss fertigen. Der Zimmermann rackerte um sein Leben. Am Ende des Jahres hatte er nicht nur die Eiche gefällt, sondern daraus eine Wendeltreppe gebaut, die hundert Männer gleichzeitig tragen konnte. Ganz allein hatte er das Werk vollbracht, dieser Teufelskerl von Zimmermann! Er heiratete seine Margarete, und beide waren glücklich, zumindest bis das Interesse der Öffentlichkeit an ihnen nachließ. Von diesem Zeitpunkt an gibt es nämlich keine weiteren Infos.

Außer der, dass die Treppe 1818 auf Geheiß des Großherzogs von Sachsen-Weimar-Eisenach in voller Länge aus- und in der Anna-Amalia-Bibliothek in Weimar eingebaut wurde. Leider ist dieser Beweis großer Liebe und unabdingbaren Thüringer Überlebenswillens heute nicht öffentlich zugänglich. Schade, oder?!?

Und die vielen anderen Thüringer Sagen? Was ist mit der Story von dem Stadtrodaer Torwächter, dem der Riegel des Stadttores abhandengekommen war und der das fehlende Teil durch eine Möhre ersetzte, die leider ebenfalls verloren ging und zwar im Maul einer Ziege, woraufhin feindliche Truppen ungehindert in die Stadt hineinströmten? Eine Sage übrigens, die fast genau so auch die Heiligenstädter über sich erzählen und darum alljährlich ein Volksfest feiern, bei dem gar ein Möhrenkönig gekrönt wird. Oder die hinter der Hand weitererzählten Beschreibungen der Orgien, die Tannhäuser mit Frau Venus in den Hörselberghöhlen feierte? Oder die Geschichten über die kindermordende Gräfin von Orlamünde oder den rotbärtigen Kaiser, der im Kyffhäusergebirge an einem Steintisch träumt und wartet, ob sein Bart dreimal um den Tisch wächst, bis dass er zurück ans Tageslicht käme, also der Kaiser samt Rotbart, um wieder das Zepter des Reiches in die Hand zu nehmen? Ganz sicher träumt der Kaiser auch von einem Friseurtermin.

Und all die anderen sagenhaften Geschichten. Vom Teufel, der aus Langeweile den Schnaps erfand und den Nordhäusern verriet, wie man Korn brennt. Und von der geizigen Henneberger Gräfin aus holländischem Hause, die einer armen Mutter von Zwillingen das Almosen verweigerte und darum verhext wurde und so viele Kinder auf einmal gebar, wie das Jahr Tage hat, und starb. Und all die Sagen von den Riesen und den Moosweibchen und von der Milchstraße am Himmel, die eigentlich Iringsstraße heißen müsste. Man lese und staune und denke sich seinen Teil.

Und auch heute ist Thüringen ein Land, wo wundersame Dinge geschehen. Hier bekommen hohe Diener des Staates ein extrahohes Salär, ohne dafür auch nur einen Tag auf ihrer Dienststelle erscheinen zu müssen. Ein Landesdiener zum Beispiel, Beamter ausgerechnet in dem Ministerium, das auch für den pfleglichen Umgang mit Tieren verantwortlich ist, verschickte stolz an einige Kollegen und Freunde Fotos von sich als Elefantenjäger im fernen heißen Afrika, was die Thüringer Untertanen erzürnte, als sie es erfuhren. Der Blätterwald rauschte, Radio und Mitteldeutsches Fernsehen berichteten ausführlich. Der Beamte wurde beurlaubt. Und wenn er nicht gestorben oder anderweitig eingesetzt worden ist, dann erleichtert er noch heute auf Kosten des Steuerzahlers die Staatskasse.

In Thüringen geschah die wundersame Verdopplung von Ministerbezügen, ohne dass der Minister es merkte, und als man ihn darauf hinwies, sagte er beleidigt »Adieu!« Hier geschahen Zeichen und Wunder: ein ganzes Schauspielerensemble verschwand auf Nimmerwiedersehen, weil angeblich kein Geld mehr da war, um es zu bezahlen, und das Schauspielhaus in der Landeshauptstadt verwandelte sich in ein verwunschenes, verfallendes Geisterhaus. So ist die Thüringer Landeshauptstadt nun die einzige Hauptstadt eines Bundeslandes ohne Sprechtheater. Dafür wachsen trotz Geldnot große Fußballstadien aus der Erde, obwohl die Thüringer Fußballmannschaften höchstens in der dritten oder vierten Liga spielen.

Hier in Thüringen öffnet man die Gräber bekannter Toter und findet bei einem schillernden Ex-Schwaben namens Friedrich statt einem zwei Köpfe, die jedoch beide nicht dem teuren Toten gehören. Jetzt stehen die Besucher der Fürstengruft in Weimar vor den Särgen von Goethe und Schiller, um den Klassikern zu huldigen, aber der Friedrich Schiller liegt gar nicht drin im Sarg. Oft findet sich nicht mal mehr sein Geist. Dafür spukt weiterhin das Gespenst des Kommunismus durch Thüringen. Angeblich, denn bisher hat es keiner gesehen. Sagenhaft!

Die wahre(n) Geschichte(n)

Oft verstecken sich in den Sagen wahre Geschichten. Oder die wahre Geschichte wird sagenhaft verbrämt. So auch in Thüringen. Speziell wird es erst, wenn man Thüringern die etwas unwissenschaftliche Frage stellt, ob sie in sich noch Royales haben, vielleicht königliche Gene spüren und den guten alten Thüringer König wiederhaben wollen.

Solche Fragen lösen meist starkes Kopfschütteln aus, und die Stirn wird mehrmals mit dem Zeigefinger betippt. Thüringer Bürger sehnen sich doch nicht nach königlichen Herrschertypen wie dem starken August oder dem Ludwig Zwo, der wohl doch etwas neben der Mütze beziehungsweise Krone lief. Und mancher Thüringer weiß, dass einer unserer wichtigsten Asylanten, jener Herr namens Schiller, dereinst vor der königsgleichen Diktatur des württembergischen Oberfürsten Karl Eugen ins vergleichsweise liberale thüringer Herzogtum Sachsen-Weimar floh.

Was soll also einem Thüringer die Frage nach Königtum? Wir sind vergesslich oder vielleicht auch Verdrängungsgenies. Tatsächlich gab es jedoch mal ein Thüringer Königreich. Da reibt man sich hier in der Mitte Deutschlands die Äuglein und glaubt es kaum. Nun gut, der royale Zustand ist schon etwas länger her, aber nicht so lange, denn wir sprechen hier über Jahreszahlen mit einem Plus davor.

Nachdem im 3. Jahrhundert nördliche Germanen (Angeln und Warnen) im heutigen Thüringen auftauchten und sich mit den Hermunduren und einigen keltischen Turonen zu den Toringi zusammenschlossen, ritten die Toringi-Krieger als Hilfstruppen des Hunnenkönigs Attila. Dass heute der Hund eines Thüringer Ministerpräsidenten so heißt wie der Hunnenkönig, ist blanker Zufall. Als die Hunnen wieder von dannen zogen, blieben die Toringi als Herrscher über ein großes Landstück übrig. Das Land reichte von der Elbe bis fast an die Donau. Das wäre doch mal ein Bundesland Thüringen, ein Freistaat von Wittenberge über Braunschweig, den ganzen Harz, weiter über Nordhausen, Erfurt, Suhl, Coburg und noch weiter über Bamberg, Nürnberg bis Regensburg. Wenn doch mal wieder eine TMP gegründet würde, eine Thüringisch-Monarchistische Partei, und diese Partei Thüringen in den Grenzen von 500 fordern würde, was dann? Chaos und Gebrüll, nicht nur in Bayern.

Bisinus hieß der erste nachgewiesene Thüringer König, vielleicht gab es auch schon jemanden zuvor. Bisinus zeugte drei Söhne, die sich nach Papis Tod ordentlich um dessen Erbe stritten. Herminafried (oft auch Hermenenfred genannt) entledigte sich seines Bruders Berthachar (dessen Tochter Radegunde hob er sich für spätere Verwendung auf). Bisinus-Sohn Balderich verstarb ebenfalls auf ungeklärte Weise.

König Herminafried wollte ganz groß rauskommen und heiratete eine Nichte des Ostgotenkönigs Theoderich. Ein starkes Team: Herminafried und Theoderich. Die Goten-Nichte Amalaberga war so etwas wie das verbindende Gelenkstück. Und dann starb Theoderich im Jahr 526. Gierig schauten die Franken auf das schöne Thüringer Königreich. Im Jahr 531 hatten die Frankenfürsten Chlothar I. und Theuderich I. genügend Truppen zusammen, um die Thüringer in einer großen Schlacht an der Unstrut zu besiegen. Man munkelt, dass sächsische Hilfstruppen mitgeschlachtet haben. Natürlich nicht auf Thüringer Seite. Chlothar schnappte sich die für spätere Verwendung geparkte Radegunde und machte sie zu seiner Frau. König Herminafried hatte die Schlacht überlebt, aber 534 fiel er nicht ganz freiwillig von einer Mauer in Zülpich. Als Radegunde 587 starb, war die Thüringer Königsfamilie ausgelöscht und das Thüringer Vergessen begann. Radegunde tat sich zu Lebzeiten durch gute Sozialarbeit an fränkisch-französischen Mitbürgern hervor und rettete sich so in eine gewisse Unsterblichkeit, wurde heiliggesprochen und Schutzpatronin der Weber und Töpfer sowie der Stadt Poitiers.

Man verzeihe einem Thüringer die Ausführlichkeit. Die historischen Nachwehen seien kurz beschrieben: Das Thüringer Reich wurde aufgeteilt. Die Gebiete nördlich des Harzes wurden sächsisch, alles südlich davon fränkisch. Östlich der Saale eroberten sich slawische Stämme ein Siedlungsgebiet. Die Südthüringer zahlten die Zeche, denn sie mussten den Franken einen jährlichen Tribut von 500 Schweinen leisten. Eine Schweinerei, die fast ein halbes Jahrhundert ungerechtes Recht und Gesetz war.

In der Zwischenzeit hatten sich die mainfränkischen Ludowinger in Thüringen festgesetzt und ließen sich zu ihren gefälschten Besitzurkunden vom echten König noch eine echte Landgrafenwürde dazuverleihen. Man kann diesen Landräubern nur zugutehalten, dass sie eine kulturvolle Dynastie waren. Sonst wäre es nie zur Erfindung des »Grand Prix d'Eurovision« gekommen, bekannt auch als »Sängerkrieg auf der Wartburg«: europäische Spitzenkünstler traten damals in einem poetry-slam-ähnlichen Wettbewerb gegeneinander an. Glaubt man heute zumindest. Zwar sponserten die Ludowinger diverse Dichter und Minnesänger des Hochmittelalters – Berühmtheiten wie Walther von der Vogelweide, Heinrich von Veldeke und auch Wolfram von Eschenbach lebten eine Zeit lang auf der Wartburg –, aber der Sängerkrieg ist eigentlich nur ein langes Gedicht, das immer wieder überarbeitet und verlängert wurde. Stattgefunden hat der Wettbewerb »in echt« wahrscheinlich nie.

Und so verwundert es sicher auch nicht, wenn die Geschichtsschreibung vermeldet, dass im Jahr 1211 eine vierjährige Prinzessin, Elisabeth, Tochter des ungarischen Königs Andreas II., auf die Wartburg geschickt wurde, um sich rechtzeitig an ihren ludowingischen Gemahl zu gewöhnen. Elisabeth lernte höfische Kulturproduzenten und ihren späteren Mann kennen und lieben. Als sie mit vierzehn heiratete, war es eine Liebesheirat. Dass Ehemann Ludwig ein Kontrollfreak gewesen sei und seiner Elisabeth das Almosenverschenken an die

Armen verboten habe, ist Legende. Genauso wie das Wunder, dass plötzlich Rosen in dem Korb voller Brot für die Armen lagen und der Kontrolleur Ludwig das Nachsehen gehabt haben soll. Vermutlich war er nur dagegen, dass seine Frau sich zu einer Hungerharke fastete und sich zu oft den Rücken blutig geißelte. Das dürfte die Wahrheit sein. Die Rosen-Brot-Geschichte ist übrigens gestohlen und auf die ungarisch-thüringische Elisabeth übertragen worden.

Und Thüringen? Verschwand langsam, aber sicher von der Landkarte. Sächsische Fürsten griffen sich fette Stücke, ein paar Jahre wurde auf dem Gebiet des heutigen Hessens noch Thüringer Geschichte geschrieben, aber 1440 war endgültig Schluss.

Die Bevölkerung bleibt, die herrschaftlichen Herrscher wechseln. Das ist immer so in der Geschichte gewesen. Die Herrscher zeugen Söhne, die sich immer wieder die immer kleiner werdenden Herzogtümer teilen. Und niemand denkt mehr an Thüringen, bis 1918 die Fürsten einer bürgerlichen Republik Platz machen müssen.

Und plötzlich erinnert sich das Bürgertum daran, dass das Thüringer-Land mal eine komplexe Masse gewesen ist. Man gründet Thüringen aus den gerade zu Freistaaten gewordenen Herzogtümern neu, lässt es sich jedoch schnell wieder wegnehmen. Thüringen wird Gau, wobei der größte anzunehmende Unfall schon vorher geschieht: Eine demokratisch gewählte rot-rote Landesregierung wird auf Befehl des sozialdemokratischen Reichspräsidenten per Notverordnung abgesetzt. Das passiert im Jahr 1923. So wird Platz gemacht für den Tabubruch. Thüringen ist das erste deutsche Land, das die Nazis als

Landesminister in die Regierungsverantwortung hievt. Der Mustergau kann wachsen und gedeihen und dann untergehen. Wieder entsteht ein Land Thüringen, mit Landesvater und Landesverfassung. 1952 tritt das Land in die DDR über und wird in die Bezirke Erfurt, Gera und Suhl geteilt.

Und nun sind wir Freistaat. Seit der Wende zum anderen. Freistaat? Man mache sich nicht zu viele Gedanken, was es damit auf sich hat. Man mache sich eher Gedanken darüber, was es damit zukünftig auf sich haben könnte. Der Thüringer Kabarettist Hansgeorg Stengel forderte schon 1994 mehr Freiheit im Freistaat, die Umbenennung von Bad Liebenstein in Freibad Liebenstein, ebenso solle mit Bad Berka und Bad Sulza und allen Thüringer Bad-Städten verfahren werden. Stengel forderte Freikarten für Freischwimmer in Freibädern, das ausschließliche Ausschankgebot für Freibier, Gedankenfreiheit für Freidenker und Baufreiheit für Freimaurer. Und er offenbarte, was Friedrich Schiller in »Wilhelm Tell« eigentlich sagen wollte: »An Thüringen, den Freistaat, schließ dich an – den halte fest mit ganzem grünen Herzen!«

Ausflug nach Westen: Das Grüne Band

Thüringen ist Wanderland. Auch so ein lockender Slogan, der stimmt. Im Bundesland kann man benamte und namenlose Wege wandern: Rennsteig, Luther-Pilgerwege, Talsperrenweg, Elsterperlenweg, Keltenpfad, Hochrhöner- und Vorderrhönweg, Goethe-Wanderweg, Drei-Türme-Weg und was für Wege noch.

Per pedes geht es auch »immer an der Wand lang« vom »Dreiländereck« Bayern-Sachsen-Tschechien auf fast 1400 Kilometer Grünstreifen bis nach Travemünde an der Ostsee. Hier war mal eine unmenschliche Wand, eine fast undurchdringliche, die innerdeutsche Grenze, der sogenannte antifaschistische Schutzwall, eine Nahtstelle zwischen zwei arg verfeindeten Systemen. Weil es mit dem einen System und seiner Planwirtschaft nicht so systematisch vorwärtsging wie geplant, fiel die Wand. Entlang dieser Beton- und Stacheldrahtgrenze verlief ein Grünstreifen, aus dem man zwar erst ein paar explosive Stoffe entfernen musste, aber dann: ein Wanderparadies.

Über die Hälfte dieses »Grünen Bandes« verläuft an der Thüringer Bundeslandgrenze entlang, ungefähr vom seit Jahrhunderten geteilten Mödlareuth, zu DDR-Zeiten heimlich auch »Little Berlin« genannt, bis zur B4 nahe Sülzhayn im Südharz. Auf dem Weg wandert man durch vielfältige Landschaften, oft Rückzugsgebiet für seltene Tier- und Pflanzenarten. Man darf den Frauenschuh nicht zertreten, nicht hektisch nach der Keiljungfer oder nach Abbiss-Scheckenfaltern schlagen und den Neuntöter nicht töten. Auch nicht ein einziges Mal.

Zum 15. Jahrestag der deutschen Einheit lief der Thüringer Schriftsteller Landolf Scherzer gut 400 Kilometer auf dem ehemaligen Kolonnenweg. In »Der Grenzgänger« schrieb er auf, was er links und rechts der ehemaligen Grenze erfuhr. »Hoffnung hat mir die Ehrlichkeit der Leute gemacht«, sagte er in einem Radiointerview, »rechts und links der Grenze, dass sie im Gegensatz zu Politikern Klartext geredet haben, also die haben mir nicht die Hucke vollgelogen, sondern die haben ihre

Befindlichkeit erzählt, und ich glaube, so eine Bestands-aufnahme, wenn Leute ehrlich darüber reden, wie sie denken, wie sie fühlen, das ist das Erste, um Dinge ver-ändern zu können.«

Scherzer schlussfolgerte scherzhaft aus seinen Erfah-rungen und Begegnungen: Die deutsche Einheit ist voll-endet. Der Beweis? Er sei während dieser Wanderung als Ostdeutscher von einem Ostdeutschen übers Ohr ge-hauen worden.

So erwandert man sich Fortschritt und Erkenntnis. Jedenfalls am »Grünen Band«. Mitten in Deutschland.

Landschaften mit Baum

Im Grünen Herzen Deutschlands gibt es natürlich auch Industriegebiete, große Hühnergefängnisse und Schweinemastanlagen, allerdings übertreiben wir es auch in diesen nutzbringenden Fällen nicht. Es gibt anderswo größere Hallen für, nun ja, Eierscheißmaschinen und Turboschweine als bei uns. Darum ist auch immer noch genügend Platz für Natur.

Gut, es ist nicht immer natürliche Natur: Die Landwirtschaft braucht viel Platz, wo unser Essen grünen und heranwachsen kann. Woher sonst sollen die vielen guten Speisen kommen, die wir Thüringer genussvoll in uns hineinstopfen? Und wohnen und Auto fahren muss der Thüringer ja auch noch irgendwo. Unsere Städte, selbst die mit Weltruf, nehmen ihren Platz ein, aber sie nehmen der Natur nicht übertrieben viel Platz weg. Und die Autobahn haben wir wenigstens teilweise in die Thüringer Berge oder in luftige Höhen über Thüringer Täler verlegt.

Außer im Winter grünt es also so grün im Grünen Herzen Deutschlands. Der Naturraum Thüringen ist sogar groß genug, um sich in viele kleinere Räume und Räumchen zu teilen. Unsere Hauptnaturraumtypen (welch Wortschönheiten die deutsche Sprache hervorbringen kann!) heißen Mittelgebirge, Buntsandstein-Hügelland, Muschelkalk-Hügelland, Basaltkuppenland, Ackerhügelland, Aue und Niederung sowie Zechsteingürtel an Gebirgsrand. Meistens haben sich die Thüringer die Natur ihren Vorstellungen angepasst.

Christoph Martin Wieland, deutscher Dichter und Fürstenerzieher im Weimar des 18. Jahrhunderts, hatte sicher den Thüringer Wald vor Augen, als er die Redewendung prägte, dass die Menschen oft den Wald vor lauter Bäumen nicht sähen. Närrisch hat er diese Menschen genannt. Nun sind wir Thüringer gewissen Narreteien nicht abgeneigt, aber närrisch im Sinne von verblödet sind wir nicht. Schon gar nicht mit Blick auf den Wald. Unser Bundesland ist zu rund einem Drittel bewaldet und gehört damit zu den waldreichen. Wir haben viel Holz vor den Hütten.

Ein Drittel des Gesamtreichtums ist naturnaher Laubwald. Und aus den anderen zwei Dritteln machen wir gutes Geld. Aber bis so ein Geld herangewachsen ist, dauert das natürlich. Und so stehen da viele Bäume. Auch wenn's ein dichter Fichtenmonokulturwald voller schlanker Holzlieferanten ist.

Nutzwälder wachsen in Thüringen seit Ende des 19. Jahrhunderts. Wenn sie der Nutzung als Brett, Tisch, Stuhl, Schrank, Dachbalken, Diele, Pappkartonpappe, Papiertaschentuch und Heizpellet zugeführt werden, forstet man oft mit Mischwald auf. Nur auf die kleinen

Fichten können wir mitnichten verzichten, denn ohne Weihnachtsbäume kein Thüringer Weihnachten.

Kleiner Holzumweg: Wenn heute weltweit am geschmückten Tannenbaume die Lichtlein brennen, dann hat die Welt das zu einem nicht unbedeutenden Teil uns Thüringern zu verdanken. Zwar stammt der erste heute noch nachlesbare Hinweis auf Weihnachtsbäume aus dem elsässischen Schlettstadt – dem örtlichen Förster wurden vier Schillinge Lohn ausbezahlt für den Schutz der Bäume vor weihnachtlich gestimmten Baumdieben –, aber es waren aus Jena vertriebene Professoren, Politflüchtlinge also, und Adelige aus Thüringen, die den Weihnachtsbaum in amerikanischen und englischen Stuben heimisch machten: Professor Karl Follen ließ 1832 den ersten Weihnachtsbaum Amerikas in Massachusetts leuchten und Professor Gustav Körner 1833 in Illinois. Über den Kanal nach London kam der Weihnachtsbaum mit Albert von Sachsen-Coburg-Gotha, der 1840 Queen Victoria ehelichte.

Goethe und Schiller liebten das grüne Bäumchen. Goethe ist die erste literarische Erwähnung des Weihnachtsbaumes zu verdanken, 1774 in »Die Leiden des jungen Werthers«. Und heimwehkranke, sentimentale Matrosen sorgten für die weltweite Verbreitung des Weihnachtsleuchtens mithilfe der christlichen Seefahrt. Da waren garantiert auch Thüringer dabei.

Als einer der größten Waldbesitzer Europas hat sich allerdings die katholische Kirche lange gegen die unkatholische Verwendung ihrer Tannenbäume gewehrt. Man mutmaßte heidnisches Brauchtum. Bis man merkte, dass der Brauch sich durchgesetzt hatte und sich damit Geld verdienen ließ. Und trotzdem war es eine kleine Sensation, als 1982 endlich der erste Weihnachtsbaum auf dem Petersplatz im Vatikanstaat stand.

Übrigens: Die mundgeblasenen Glaskugeln und Glöckchen, in denen sich die Kerzen spiegeln, stammen auch aus Thüringen, aus Lauschaer Glasbläserstuben nämlich und aus vielen anderen kleinen Orten in den Tälern des Waldes. Eine Legende besagt, das 1847 ein armer Lauschaer Glasbläser kein Geld hatte, um sich echte Äpfel und Nüsse an den Christbaum zu hängen, und da habe er sich einfach welche aus Glas geblasen. Und weil die richtige Weihnachtsstimmung erst aufkommt, wenn neben dem geschmückten, leuchtenden Baum gesungen wird, haben die Thüringer sich Weihnachtslieder geschrieben oder von eingewanderten Dichtern schreiben lassen. Und die Musik dazu: die Weimarer Johannes Daniel Falk und Heinrich Holzschuher »O du fröhliche, o du selige, gnadenbringende Weihnachtszeit«, der Ichtershäuser Wilhelm Hey »Alle Jahre wieder«. Hans Naumilkat, jahrelang Musikdozent und Chorleiter an der Pädagogischen Hochschule Erfurt / Mühlhausen, komponierte »Vorfreude, schönste Freude«. Seine Frau Ilse schrieb dem einstrophigen »Guten Abend, schön Abend« eine zweite und dritte Strophe dazu. Diese Methode nutzte auch der aus Goldlauter stammende Ernst Gebhard Salomon Anschütz, als er das die Untreue der Geliebten kritisierende Lied »O Tannenbaum« in ein Weihnachtslied, vielleicht *das* bekannteste weltliche Weihnachtslied überhaupt, umwandelte. Weniger bekannt ist, dass es von ihm noch einen Text auf dieselbe Melodie gibt, der aber den »Tannenbaum»-Hit nicht toppen konnte. »O Weihnachtszeit«

heißt es. »Maria durch ein Dornwald ging« stammt aus dem Eichsfeld, und Luther selbst hat freilich auch ein Lied beigetragen: »Vom Himmel hoch, da komm ich her«.

Apropos »da komm ich her«. Das lange Gedicht vom Knecht Ruprecht, der aus dem Wald kommt, wo es schon sehr weihnachtet, entstand auch in Thüringen, nämlich in Heiligenstadt, wo der Dichter Theodor Storm einige Jahre weilte.

Gehen wir noch einmal zurück in das Thüringen, wo Flora und Fauna vor allem Kultur sind. Darum sagt man ja Kulturlandschaft. Doch mal nachgefragt: Wieso? Spielen in Thüringen die Füchse Geige oder die Hasen Theater? Nein, die Tiere sind noch nicht so weit, Kunst zu machen, aber sie müssen sich der Menschenkultur anpassen. Einige sind hervorragende Anpasslinge. Füchse bevölkern parkähnlich angelegte Friedhöfe, Rehe passieren Straßen, was vermehrt zu Unfällen führt, Wildschweine durchpflügen kreuz und quer die sorgsam geradlinig gesäten Maisreihen. Auf engstem Raum stößt Kultur auf Natur. Aber man arrangiert sich. Wenn nicht, schreitet der Jägersmann zur Tat.

Zudem gibt es Schutzgebiete. Ein Viertel Thüringens ist für Nationalpark, Naturparks und Biosphären-Reservate reserviert. Selbst scheue Tiere, die man jahrzehntelang nicht in diesen Gegenden sah, kehren zurück. Die Wildkatze in den Nationalpark Hainich, der Luchs in den Naturpark Südharz, das Birkhuhn im Biosphären-Reservat Rhön. Und auf einem nicht mehr benutzten Truppenübungsplatz bei Ohrdruf wurde ein Wolf gesehen. Wo der Thüringer sie lässt, erobert sich die Natur die Natur zurück. Wachtelkönig und Schwarzstorch schauen wieder in Thüringen vorbei und bleiben.

Und um noch einmal auf die ganz und gar vernünftigen Thüringer zurückzukommen: Niemand ist so blöd, die Chancen zu vergeigen, die der Naturtourismus bietet. Der Nationalpark Hainich zum Beispiel ist »UNESCO-Weltkulturerbe Buchenurwälder«. Auf bald 8000 Hektar wächst der Wald ungestört, und langsam lässt sich ahnen, wie in Mitteleuropa vor tausend bis zweitausend Jahren der Urwald aussah. Weil noch einmal so viel Wald um den Nationalpark-Urwald herumsteht, ist der Hainich mit rund 16 000 Hektar Deutschlands größtes zusammenhängendes Laubwaldareal. Schon über 2 Millionen Besucher sind im Osten des Nationalparks auf den 530 Meter langen Baumkronenpfad geklettert, um sich die Sache mit dem Urwald von oben zu besehen, ohne unten Schaden anzurichten.

Tausende Kraniche rasten jedes Jahr im flachen Staubecken Straußfurt. Sie schert es nicht, dass rundherum gar kein Naturpark ausgewiesen ist. Andere Kranichzüge fliegen an der Talsperre Kelbra ein, ein Teil des Naturparks Kyffhäuser. Rund um den See wachsen an den Gipshängen Pflanzen, die sonst nur in den Steppen Osteuropas und am Mittelmeer vorkommen.

Gipshänge, Steppenpflanzen? Wie eigenartig und speziell, und trotzdem haben sich einige Tiere, sogar Nutztiere an das Leben mit der sparsamen Vegetation gewöhnt. Die Thüringer Waldziege und das Rhönschaf kommen gut zurecht.

Nur eines ist noch nicht gelungen: die Zucht eines Binnensalzherings, trotz des hohen Salzgehaltes in der Werra.

Das etwas andere Thüringen

Etwas Regionalstolz ist ja nichts Schlechtes. Darum wird niemand Leute schelten, die da singen:

Bist du gewandert durch die Welt,
Auf jedem Weg und Pfade,
Schlugst auf in Nord und Süd dein Zelt,
An Alp und Meergestade:
Hast du mein Eichsfeld nicht geseh'n
Mit seinen burggekrönten Höh'n
Und kreuzfidelen Sassen,
Dein Rühmen magst du lassen!

Der Hermann Iseke, der diese Strophe und weitere des »Eichsfelder Sanges« am Jahreswechsel 1900 zu 1901 schrieb, war stolz auf seinen Landstrich, das Eichsfeld. Nicht auf Thüringen. Das gab es damals ja noch gar nicht wieder. Wer nicht das Eichsfeld gesehen und mit seinen kreuzfidelen Sassen, also den Einheimischen, Umgang hatte, der weiß gar nicht, wo es wirklich am schönsten ist. Nämlich im – man spricht es – Aiksfelt.

Zugegeben, eine anmutige Gegend, wo sich bewaldete Hügel, grüne Wiesen und Felder harmonisch mit herausgeputzten Dörfern und kleinen Städten mischen. Aber eine unsichtbare Grenze teilt den einen Thüringer Teil des Richtung Westen grenzüberschreitenden Eichsfeldes vom anderen Thüringen ab. Der Landkreis Eichsfeld ist der einzige in den neuen Bundesländern mit einer kirchlich gebundenen Bevölkerungsmehrheit. 70 Prozent sind hier katholisch, viele streng katholisch. Hier ist vieles ganz anders. Hier gelten andere Feiertage als im restlichen Thüringen, andere Regeln sowieso. Hier wird die 1878er Pioniertat der Herren Julius Bertuch und Carl Heinrich Stier, die auf dem Gothaer Hauptfriedhof das erste deutsche Krematorium bauten, immer noch als Teufelswerk angesehen. Was geht die Eichsfelder Christen auch das unchristliche Gotha an. Wobei unchristlich nur meint, dass Gotha mehr protestantisch als katholisch ist. Bei Themen wie der Einäscherung wird man im Eichsfeld eher fuchsteufelswild als kreuzfidel.

Wie kam es zu dieser Thüringer Teilung? Als auf Luthers Reformation die Gegenreformation folgte, mussten die kleinen Leute im Eichsfeld wieder religiös umlernen, denn sie gehörten staats- und kirchenrechtlich zum katholisch geprägten Kurfürstentum Mainz. Nur die Herrschaft Bodenstein, ein winziger Teil des Eichsfeldes, blieb, wie das berühmte gallische Dorf, aufmüpfig anders.

Austreiben ließen sich die anderen Eichsfelder fortan ihre katholische Gottesfurcht nicht mehr. Im Gegenteil, der Glaube verband die Leute mit stärkenden Banden.

Dem Herd, an dem in frommer Zucht
Die treue Gattin waltet
Und Kindern, gleich des Ölbaums Frucht,
Die Händchen betend faltet;
Dem Haus, wo noch der Herrgott gilt,
Und nicht nur, was den Magen stillt,
Wo felsenfester Glaube
Die Blicke hebt vom Staube.

Das Eichsfeld hat heute die mit Abstand niedrigste Scheidungsrate in Thüringen und ist die Region mit der im Landesdurchschnitt jüngsten Bevölkerung.

Als Vertreter eines atheistischen Staates in der zweiten Hälfte des 20. Jahrhunderts nicht nur Staat und Kirche klar getrennt sehen wollten, sondern sich gern von allem Kirchlichen getrennt hätten, rückten die Eichsfelder noch näher zusammen. Wie ein Trojanisches Pferd schickten die Staatsvertreter Bauleute und Baumaterial ins Eichsfeld, auf dass man dort große Textilfabriken und Zementwerke errichte und den Kalibergbau ankurble. Das Eichsfeld sollte auf diese Weise »atheistisch proletarisiert« werden. Aber das Experiment wurde 1990 abgebrochen.

Eichsfelder mit Frohwanderblut
Und liederreicher Kehle,
Heim, heim steht all dein Herz und Mut,
Dein Sinn und deine Seele,
Heim, wo das Kreuz vom Hügel ragt
Und dir von Gottes Liebe sagt!
Schlägt deine letzte Stunde,
Es sei auf Eichsfelds Grunde!

Auf diesem Grund stehen heute fünfzehn Wallfahrtsorte. Zu einem davon gehen die Wallfahrer auf den Spuren von Papst Benedikt XVI. nach Etzelsbach, um in der kleinen Wallfahrtskapelle St. Mariä Himmelfahrt zu beten. Oft reicht der Platz nicht, dann geht man, wenn es das Wetter erlaubt, unter Gottes freien Himmel. Am zweiten Sonntag nach Mariä Heimsuchung findet alljährlich die »Pferdewallfahrt« in Etzelsbach statt. Denn der Sage nach weigerten sich die Pferde eines Bauern, das Feld weiter zu pflügen, denn sie spürten, dass da eine Statue vergraben liegt, eine Pietà. Der Bauer grub sie aus und stellte das Gnadenbildnis dann in der neuen Kapelle auf, wo es noch heute steht. Zur »Pferdewallfahrt« werden alle Pferde, die von den Pilgern mitgebracht werden, aus Dankbarkeit nach dem Wallfahrts-Hochamt gesegnet.

Beim Papstbesuch im September 2011 war die Kapelle für all die Gläubigen, die mit Benedikt eine Marienvesper feiern wollten, natürlich viel zu klein. 90 000 Pilger kamen auf das Feld bei Etzelsbach. Um die Autos der Pilger sicher abzustellen, wurde zeitweilig die Autobahn A38 zu einem Großparkplatz umfunktioniert. Jetzt schütteln sicher einige ungläubig den Kopf. Die spinnen, die Thüringer! Sperren einfach die Autobahn und verwehren dem freien Bürger die freie Fahrt, und alles nur wegen einer kirchlichen Großveranstaltung! Wir Thüringer sind da tolerant. Für den Papst sperren wir die A38, und die A4 sperren wir für den »Dreinschlag«. Alle paar Jahre brennen die Drei-Gleichen-Burgen links und rechts der A4 – aber im Gegensatz zum Jahr 1231, als ein schweres Unwetter alle drei Burgen blitzartig in weithin leuchtende Fackeln verwandelte, sind es heute

Pyrotechniker, die ein wirklich formidables Feuerwerk abbrennen, eben den »Dreinschlag«.

Und das gefällt dann auch den Atheisten.

Der Autor fährt gern ins Eichsfeld. Es gibt dort kunstinteressierte Leute, die in sehr annehmbarer Zahl regelmäßig Lesungen und Kabarettprogrammen beiwohnen. Zu Ausstellungseröffnungen kommen sie auch. So lernt man Leute kennen, auch wenn man nicht zusammen in die Kirche geht, hört manchmal Geschichten, die man so ungewöhnlich findet, dass man sie gern weitererzählt. Und noch viel besser: Man bekommt Tipps, wo man etwas entdecken kann, natürlich auch, wo es etwas Gutes zu essen gibt.

Das weiß die Leserschaft dieses Büchleins mittlerweile, dass es für Thüringer sehr oft darauf ankommt, dass man sich örtlich nie zu weit von Möglichkeiten entfernt, die gastronomischen Gelüste zu befriedigen.

Auf die Weise kommt man zum Beispiel in das Wurst- und Hausschlachtmuseum nach Bornhagen, ein kleines Eichsfeld-Dörfchen unterhalb der Burg Hanstein. Riecht es da im Museum nach Schwein? Ja, denn das Museale ist nur ein kleiner Teil des »Klausenhofs«, eines großen, sehr alten Gebäudeensembles. Man kann sich hier historisch beherbergen und beköstigen lassen. Beim Ritteressen sind die Tafeln reichlich gedeckt, Schweinefleisch von nebenan aus dem Museumspferch gehört dazu. Freche Sprüche fliegen herum, Schnurren werden erzählt, Gäste werden zu Rittern geschlagen, müssen aber auch das Horn leeren. Und immer wieder wird das Versprechen erneuert, so lange Mollen, Tonkrüge und eiserne Gefäße aufzutragen, bis ein jeder satt ist und sitt. Draußen vor der Tür darf man auch Luther zitieren, warum nicht gerülpset und gefurzet werde, habe es denn nicht geschmecket. Sagte er nicht auch »Aus einem verzagten Arsch kommt kein fröhlicher Furz«? Ach ja, der Luther. Psst, ihr Protestanten und Freigeister! Wir sind im Eichsfeld und katholisch umzingelt.

Reden wir noch ein bisschen über das nahe Lindewerra, das Stockmacherdorf an der Werra-Schleife, die mindestens so schön ist wie die Saarschleife. Wie Bornhagen auch ist es direkt an der ehemaligen Zonengrenze gelegen und heute Station für Wanderer per pedes, Rad oder Kanu. Diese Ruhe hier in Lindewerra, herrlich! Mit der Stockmacherei ist es lange vorbei. Das ganze Dorf hat mal Stöcke gefertigt, Spazierstöcke, Gehstöcke, Jägersitzstöcke, Zierstöcke, die Produktion stockte nicht, die Stöcke waren ein gefragtes Exportgut, so lange, bis der Stock nicht mehr zum modischen Muss des Mannes gehörte. Dann wurde es wieder sehr ruhig im Dorf. Man kann sich's gar nicht vorstellen, dass an einem Tag des Jahres die Ruhe punktuell gestört ist, dass es laut wird in Lindewerra, wenn die von hier aus agierende Plattenfirma »Ruf Records« im Gemeindesaal die Welttournee der »Blues Caravan«-Konzerte startet.

Und dann kam dem Autor noch dieses Wort »Klingerdilms« und die Geschichte aus Hundeshagen zu Ohren. Das liegt ebenfalls sehr grenznah, ungefähr auf halbem Weg zwischen Leinefelde und dem Grenzlandmuseum Teistungen. Hundeshagen? Da, wo der Hund begraben ist? Nein da, wo einst die Burgen derer von Westernhagen über die Dörfer wachten. Ein Dorf hieß tatsächlich »Freiheit«. Es war kein Bauerndorf, sondern eine Hundeshagener Kolonie, eine kleine Heimat für die Wandermusiker, die ab dem 17. Jahrhundert von hier aus umherzogen.

Im Gemeindewappen prangt rechts oben als Symbol eine Harfe. Harfe sagten die Wandermusiker aber nicht, sie sagten Echfach. Und sie sagten Schwulchen, Flösselfinnichen und Klingerdilms, wenn sie Zigarette, Toilette und Musikantenmädchen meinten. Sie sprachen ihre eigene Sprache, um sich vor Lauscherohren auf ihren Wanderschaften zu schützen, falls sie Ungehöriges oder politisch Missliebiges ausdrücken wollten. Das schützte freilich auch zu Hause, wenn sie in Hundeshagen ihr »Kochum« sprachen.

Kochemer sind Nichtsesshafte, Migranten auf Zeit in der Welt. Sie redeten klug und gescheit, vertraut mit Gaunertricks und Überlebenstaktiken, all das heißt auch kochum. Quer durch den Kontinent Europa wanderten die Kapellen, einige kamen gar bis nach Amerika und dann wieder zurück nach Hundeshagen in ihr Kaff namens Freiheit, spielten dort zum Schwoof, ließen sich von den Knebels ein Blembel bezahlen (von den Bauern ein Bier spendieren) und fuhren wieder weg.

In den aufmüpfigen Zeiten um 1848 war es auch in Hundeshagen-Freiheit nicht ruhig. Vielleicht wurde Tacheles geredet. Auf jeden Fall ließen sich die Leute hier nicht mehr schikanieren, protestierten gegen willkürliche Verhaftungen. Plötzlich waren auch Waffen da, und der Widerstand stand fröhlich stark. Bis Kürassiere aus Mühlhausen und Feldjäger aus Nordhausen einrückten und den Aufstand niederschlugen. Steckbriefe hingen an Bäumen und Haustüren. Viele der Gesuchten wurden gefunden, zu hohen Haftstrafen verurteilt und mussten ins Gefängnis. So war das damals in der Provinz Sachsen, unter preußischer Herrschaft.

Kochum starb aus. Die Musiker werden wohl ihre Freiheit anderswo gesucht haben.

Ausflug in die Mitte: München

Von Erfurt nach München ist es nur ein Katzensprung, denn München liegt in der Mitte von Thüringen. *Woas!? Himme, Oarsch und Zwian!*

Ja, da kann der Bayer fluchen, wie er will, die Ortseingangsschilder stehen da im Wald zwischen Bad Berka und Tannroda. Unser München ist, was die urkundliche Erwähnung von 1115 angeht, ein halbes Jahrhundert älter als die Bayernmetropole an der Isar. *Wennsd ned glei dei Goschn hoitst, nacha schmia I dir oane, du Hundsbua du verreckta!* Im Thüringer München leben rund hundert Einwohner plus einige tierische Mitbewohner wie Katzen, Kaninchen und Kläffer, Federvieh und Minischweine, Waliser Schwarznasenschafe und gut frisierte Riesenpudel. Nein, halt! Das sind keine Pudel, das sind frisch geschorene Alpakas. Die Tiere gehören zum Rittergut München, einem gastronomischen Unternehmen, das zu gutem Essen einlädt, und rund um das Essen einiges an Zoologischem und Musealem anbietet, was die Leute aus dem Umfeld in das Dorf lockt.

Unser München hatte schon eine Adolf-Tegtmeier-Allee, da hatte der Komiker Jürgen von Manger seinen Tegtmeier gleichen Vornamens noch nicht erfunden. *So a Saupreiss, so a damischa!* Denn der Thüringer Tegtmeier war seit den 1920er-Jahren ein hoch angesehener und hoch dekorierter Lungenspezialist, ab 1934 Chefarzt der Tuberkuloseklinik »Sophienheilstätte« hier in München. Am Ende der Adolf-Tegtmeier-Allee verfällt heute das imposante Klinikgebäude.

Unser gemütliches München liegt übrigens viel weiter westlich als die hektische Großstadt in Bayern. Hier wohnen also die Wessis, ihr bayrischen Ossis! *Himmiharrschaftzaggramentzefixalleluja!* Nur so gute Fußballer wie dort unten im südlichen Osten haben wir hier nicht. Aber das hat ja vor allem mit den fehlenden Mitteln in der Mitte Deutschlands zu tun. *Schleich di!* Doch zünftig Oktoberfest feiern wir hier auch mit allem, was dazugehört. Allerdings ist das Bier nicht so unverschämt teuer. *Oaschloch, saubläds!* Münchner, ihr dürft gern mal in München vorbeischau'n.

Genussvoller Kalorienreichtum

Fleisch und Wurst sind für Thüringer unabdingbar. Deswegen besteht eine große Skepsis, eigentlich gar eine starke Abneigung gegen grün-politische Vorschläge wie den »Veggie Day«. Solche Wörter kann der Thüringer kaum aussprechen: »Weddschi-Däj«. Anwürfe, er habe die Fleischfresssucht, kontert der Thüringer geschickt mit irgendwo aufgeschnappten wissenschaftlichen Fakten, dass nämlich beim Urmenschen das Gehirn nur durch Fleischverzehr gewachsen sei. Wenn man damals nur Mais und Bohnen gegessen hätte, wird hierzulande argumentiert, dann würde man heute noch im Neandertal herumkrauchen.

Und wenn es dann immer noch Kritik am hohen Fleischkonsum gibt, führt der Thüringer listig lächelnd ins Feld, dass Fleisch auch gegen Krankheiten helfe. In Grippezeiten Handschlag meiden und vorbeugend ein, zwei Broiler essen. Da seien ja die Breitbandantibiotika gleich mit drin. Thüringer fürchten um ihre gastronomischen Traditionen, wenn zu viel grünes Gedankengut ins Grüne Herz Deutschlands hineinschwappt. Da werden durchaus »Wurst-case-Szenarios« und vegane Teufel an die Wand gemalt, und es wird behauptet, die Gefahr sei groß, dass es eines Tages in den Thüringer Gaststätten heißen könnte: Also, Ihren Kloß und Ihr Rotkraut können Sie gern hier im Restaurant verzehren, aber Ihre Roulade essen Sie – biiiiitte!! – draußen bei den Rauchern vor der Tür!!

Jetzt ist die Stelle im Buch erreicht, an der der Autor die Leserschaft mit den Thüringer Esstraditionen konfrontieren muss. Wir müssen zwar nicht in die ganz alten, lebensmittelarmen Zeiten zurückfallen, als es streng hieß: Es wird gegessen, was auf den Tisch kommt! Aber: Gekostet wird! Wenigstens eine Thüringer Rostbratwurst, eine freilich mit dem richtigen Senf, dem Erfurter Born-Senf. Und wenigstens einen Kloß und ein Stück Feldgieker und einen ordentlichen Schluck »Aromatique« und eine Scheibe Sauerteigbrot mit hohem Roggenanteil oder ein sogenanntes DDR-Brötchen mit dick Mühlhäuser Pflaumenmus drauf und …

Das wird jetzt doch ein bisschen ausführlicher, aber anders wäre das überbordende Thüringer Angebot an genussvollen Produkten zur Befriedigung gewisser menschlicher Gelüste nicht zu fassen. Fasse dich kurz – unmöglich, wenn es um Essen und Trinken in Thüringen geht.

Das beginnt schon am ersten Tag des Jahres. In Thüringen wird keineswegs als verrückt angesehen, wer den Neujahrsmorgen nutzt, um das neue Jahr mit dem Duft von Rostbratwürsten zu begrüßen. Angrillen nennt sich diese Tradition, die in nicht wenigen Thüringer Familien gepflegt wird. Zumeist von den Familienvätern. Auch wenn Mutti es nicht will, Vati stellt sich an den Grill. In Thüringen geht zwar auch täglich die Sonne unter, aber der Grill eigentlich nicht aus. Mit steigenden Außentemperaturen im Verlauf des Jahres steigt auch die Anzahl der Gitterroste, unter denen die Holzkohle glüht und auf denen die Bratwürste brutzeln. Wenn die Grillen zirpen, dann grillen eigentlich 120 Prozent aller Thüringer.

Da kann das Bundesumweltamt noch so laut warnen, Grillen sei der Gesundheit abträglich, und zwar in besonderem Maße. Grillen, vor allem auf Holzkohle – ja, wie denn sonst? –, sei krebserzeugend, und die dabei entstehenden polyzyklischen aromatischen Kohlenwasserstoffe würden die Fortpflanzungsfähigkeit beeinträchtigen. Da sagen sich so einige polyzyklisch verwöhnte Thüringer Männer vermutlich: Lieber kinderlos als ohne Bratwurst.

Etwas versöhnt waren die Thüringer, als das Bundesumweltamt schriftlich zugeben musste, dass gegrillte Speisen vielen Menschen gut schmecken und die Art der Speisenzubereitung soziale Aspekte beinhalte und Grillgutverzehr zu einem gelungenen Sommerfest oder einem besonderen Feierabend einfach dazugehöre.

Von den rund 120 000 Tonnen Holzkohle, die jährlich in Deutschland vergrillt werden, verbraucht der Thüringer einen im Verhältnis zur deutschen Gesamtbevölkerungszahl unverhältnismäßig großen Teil. Aber das ist eine Notwendigkeit. Wie sonst soll man so eine halb weiche, halb knusprig-harte Genussstange namens Rostbratwurst herstellen, wenn nicht auf einem Holzkohlegrill? Bestimmte Genüsse brauchen ganz bestimmte Herstellungsmethoden.

Unbedingt erwähnenswert: *die* Thüringer Rostbratwurst gibt es gar nicht. Der Name ist eine von der Europäischen Union seit 2006 geschützte geografische Angabe. Mehr nicht, aber auch nicht weniger! Die Wurst selbst ist als regionale Spezialität eingeordnet, bestehend vor allem aus Schweinefleisch (aber auch Kalb- und Rindfleisch darf rein), und sie muss mindestens 15 Zentimeter lang und 100 bis 150 Gramm schwer sein. Es gibt feine und grobe und frische und gebrühte. Und die Außenhaut ist dünner Schweinedarm oder Schafsaitling. Dass nicht eine Rostbratwurst wie die andere schmeckt, hat mit den oft familiär überlieferten Rezepten zu tun, die nicht nur regional, sondern oft von Fleischer zu Fleischer innerhalb eines Ortes unterschiedlich sind. Und geheim. Unterschiedlich ist vor allem die Gewürzzusammensetzung: Salz, Pfeffer, Kümmel, Majoran, Knoblauch, manchmal gar Muskat oder mit einer leichte Zitronennote. Und nicht nur auf die Länge, auch auf die Dicke kommt es an. Lieber eine kleine Dicke oder eine lange Dünne? Für beide und etliche Zwischenvarianten gibt es geradezu fundamentalistische Verfechter.

Das betrifft übrigens auch die Art, wie die hellen Brötchen, die als Halterung der grillheißen Wurst dienen, aufgeschnitten werden müssen. Längs ja, aber mittig-seitlich, sodass das Brötchen fast in eine untere und obere Hälfte aufgeklappt werden kann, oder mittig-längs an der Oberseite, damit das Brötchen in links und rechts aufklappbar ist? Glaubt man den Leuten, die sich streng wissenschaftlich und locker unterhaltsam mit allen Fakten rund um die Bratwurst beschäftigen, dann schneiden Katholiken von oben, Protestanten dagegen seitlich das Brötchen auf. Weitere Fakten erfährt man im Bratwurstmuseum Holzhausen bei Arnstadt. Unter anderem, dass eine Stehbratwurst mit 7 Prozent Umsatzsteuer, eine Sitzbratwurst dagegen mit 19 Prozent belegt ist. Das ist die faszinierende Welt des durch und durch gerechten und gut durchdachten deutschen Steuersystems!

Die EU-Rostbratwurst-Richtlinie sah bis 2011 vor, dass die Wurst zu mindestens 51 Prozent aus in Thüringen aufgewachsenen Bestandteilen zu bestehen habe. Weil die schmackhaften Würste aber sehr viel schneller verspeist wurden, als Thüringer Schweine Fleisch nachliefern können, musste dieser Passus gestrichen werden.

Die Thüringer Rostbratwurst hat eine jahrhundertealte Tradition. Luther lobte sie, Goethe genoss sie geradezu gierig. Die älteste urkundliche Erwähnung befindet sich im Thüringischen Staatsarchiv Rudolstadt, eine Abschrift der Propstei-Rechnung des Arnstädter Jungfrauenklosters von 1404: »1 gr vor darme czu brotwurstin« – 1 Groschen für Bratwurstdärme. Das älteste bekannte Rezept steht in der »Ordnung für das Fleischerhandwerk zu Weimar, Jena und Buttstädt« vom 2. Juli 1613.

Als die Zeitschrift »Stern« 2014 hundert Gründe auflistete, warum man Deutschland lieben müsse, erschien bei Grund Nr. 41 ein König: Rudi I., gekrönter Thüringer Bratwurstkönig, ein perfekt gegrilltes Meisterwerk präsentierend. Wozu braucht es auch Zepter und Reichsapfel, wenn es Bratwurst und Brötchen gibt?

Gastronomisch speziell präsentiert sich ein Thüringer Landesteil, wo die Rostbratwürste Roster heißen und etwas stiefmütterlich behandelt werden, weil ein anderer fleischlicher Genuss viel öfter nachgefragt wird: Ostthüringen mit seinem Mutzbraten.

Mutz?

Etwa faustgroße Fleischstücke werden in Salz, Pfeffer und Majoran gewälzt und mariniert. Später werden die Fleischstücke aufgespießt und in eigens für die Mutzbratenbraterei gefertigten Bratboxen über Birkenholz gegart-geräuchert-gebraten. Erfunden wurde diese Köstlichkeit um 1900 in Schmölln. Darum ist »Schmöllner Mutzbraten«, besonders wenn es »Original Schmöllner Mutzbraten« ist, patentrechtlich geschützt. Aber weil keiner das Patent schützt, gibt es, zumindest theoretisch, immer und überall in Ostthüringen Mutzbraten.

Die ersten Mutzbratenbrater waren Kinder, weil die als Arbeitskraft am billigsten waren. Denn es dauerte mehrere Stunden, bis der Mutz am Lagerfeuer essfertig war. Die Spieße mussten regelmäßig gedreht werden. Inzwischen lief den Kindern das Wasser im Mund zusammen. Als Bezahlung konnten sie das Mundwasser mit Brot »aufdiddschn«, und obendrauf gab's ein Stück Fertigmutz. Erst in den 1960er-Jahren wechselte man vom Lagerfeuer mit Handdrehbetrieb zu elektrisch betriebenen Bratständen. Grundsätzlich kamen die Fleischer mit ihren Mutzbratständen auch zum Volksfest. Volksfest war nur leider nicht alle Tage, doch der Ostthüringer sehnte sich Tag für Tag nach Mutzbraten, und so entstanden kleine hauseigene Mutzbratkästen, deren Spießdreherei angetrieben wurde von Scheibenwischer-Motoren der Marke »Trabant«. Thüringer Bastel- und Esstrieb ergänzten sich auf wunderbarste Weise.

So, was oder wer ist nun aber der *Mutz*? Der Mutz ist ein scheues Tier, das nur in Ostthüringen vorkommt. Er gilt als schwer zu bejagen, weil das schlaue Tierchen elektrisch aufgeladen ist und selbst im geschossenen

Zustand noch Stromschläge verteilt. Darum kann ein Mutz auch nur mit einem zweizinkigen Spezialjagdwerkzeug endgültig zur Strecke gebracht werden und zwar durch einen Parallelstich in beide Augen. Es ist angeraten, dabei isolierende Jagdschutzkleidung zu tragen. Ostthüringer Männer trinken angeblich gern viel Mutzblut, da es erstens schnapsähnliche Prozentzahlen aufweist und zweitens den Trinkenden zu sehr lebendigem fleischlichen Tun mit partnerschaftlichem Menschenfleisch anstachelt. Kurz: Das Mutzblut ist weitaus wirksamer als Viagra.

Das jedenfalls schwören die Vereinsmitglieder vom »Freie Mutzfänger Thüringen u. V.«, was unabgekürzt »unnützer Verein« ausgesprochen wird. Man hat hier Spaß in der Freizeit.

Ist der Mutz also ein ostthüringer Rasselbock, ein Phantasiegeschöpf? Aber was essen diese Leute denn nun dort, wenn sie Mutzbraten essen? Mutz. So sagten die Altenburger zu einem Tier ohne Schwanz und meinten ein Schwein. Mutzbraten ist also lecker Schwein. Und die lustigen Mutzgeschichten gibt es obendrauf.

Gegessen wird der Mutzbraten mit Brot und Sauerkraut und Senf. Wer statt Senf Ketchup verlangt, wird nicht immer nett angeguckt, trotzdem ist die Verketchupisierung Thüringer Essens wohl leider unaufhaltbar.

Weil das Buch hier langsam, aber sicher gastronomisch überbordet, sei auf einige, wirklich nur einige weitere Thüringer Essgenüsse hingewiesen. Dem Kloß muss man sich freilich noch extra widmen.

Wer ins Eichsfeld kommt, sollte Wurst probieren: Ahle, Feldgieker und Stracke. Die meiste Wurst wird heute industriell oder in größerem Maßstab hergestellt.

Aber wenn man traditionell hergestellte Feldgieker kosten möchte, dann dauert das von der Schweineschlachtung bis zur Wurstreife mindestens ein Jahr. Feldgieker entfalten ihren Geschmack durch Rumhängen, am besten in lehmverputzten Kammern mit einem Fenster nach Norden, gut belüftet.

Außerhalb Thüringens darbt jeder, der mit dem Geschmack hiesiger Wurst aufwuchs. Thüringer Wurst, Rot oder Leber oder Knack, ist immer gut gewürzt. Eine Scheibe frisch gebackenen, knusprigen Brotes gehört dazu. In immer weniger kleinen Bäckereien wird noch traditionell gebacken. Aber man findet sie. Ein Geheimtipp – alle noch traditionell backenden Bäcker Thüringens mögen verzeihen, es ist wirklich nur ein Tipp unter anderen – ist der Buchfarter Mühlenladen südlich von Weimar. Im altdeutschen Backhaus ist Freitag Brotbacktag. Daneben kann man sich auch gleich Thüringens einzige überdachte, 1613 gebaute Straßenbrücke ansehen. Oder des Müllers Lust frönen: wandern.

Und weil wir gerade beim Backen sind: Thüringen ist Blechkuchenland. Unterschiedlichste Sorten, nie »forztrocken«, oft mehrschichtig, trotzdem flach, dass man beim Essen nicht Maulsperre bekommt. Und eine Sortenvielfalt, geradezu unerschöpflich! In einigen Dörfern wird heute noch gemeinschaftlich gebacken, und die verschiedenen Kuchensorten werden ausgetauscht. In manchen Gegenden wird man des Geizes bezichtigt, wenn man zum Geburtstag, zur Taufe, Konfirmation oder zum Leichenschmaus nicht mindestens ein Dutzend Kuchensorten anbietet. Mooskuchen, Prophetenkuchen, Mohn-Gries-Kuchen, LPG-Kuchen (der ist nicht aus Zeiten der »Landwirtschaftlichen Produktions-

Genossenschaften« übrig geblieben, sondern eine immer wieder aktuelle Köstlichkeit aus mehreren Schichten), fetter Kuchen, Mohnkuchen mit Eierscheckendecke, Streuselkuchen, Kirmeskuchen, Mandelgusskuchen, Rosenkuchen, Hirschhornkuchen, Pflaumenmuskuchen, Zwetschgenkuchen, Wattekuchen – wie bitte, das sind schon mehr als ein Dutzend? Na und, das sind längst nicht alle Sorten, und Spielarten schon gar nicht.

Und wir können Käse, zum Beispiel Ziegenkäse und Milbenkäse (kein Scherz, sondern eine Delikatesse) aus dem Altenburger Land, wir können Erfurter Senf und Schmalkaldener Nougat, Gewürzgurken aus Niederdorla und Obstsäfte von den Fahnerschen Höhen, wir können Greußener Salami und Apoldaer Filinchen und noch viel mehr, zum Beispiel so viel Fruchtjogurt und -quark oder Rote Grütze herstellen, dass wir Leckermäuler in China und auch noch in Afrika und Südamerika zum genussvollen Schleckern und Löffelablecken verführen.

Und natürlich können wir Bier. Das Schwarzbier aus der Stadt, wo Heinrich Schütz, der wichtigste deutsche Komponist des Frühbarocks, geboren wurde, kennt fast jeder: Köstritzer. Den Herrn Schütz kennen immer weniger. »Köstritzer« ist die größte Brauerei. Die kleinste Brauerei Thüringens findet man in Singen im Ilmtal zwischen Ilmenau und Stadtilm. Führung und Verkostung werden selbstverständlich angeboten.

Und ganz wichtig: Das deutsche Reinheitsgebot für Bier ist nicht 1516 in Bayern niedergeschrieben worden, sondern viel früher in Thüringen. Bayerische Bierbrauer, verneigt euch gen Norden, wo es nachweislich und nachlesbar schon 1434 (in Weißensee) und 1348 (in Weimar) Reinheitsgebote für der Deutschen liebstes Alkoholgetränk gab. Und ändert endlich die – vorsichtig formuliert – großsprecherischen Aufdrucke auf den Bieretiketten von wegen »deutsches Reinheitsgebot« und 1516.

Schnell, los! Jetzt noch der Kloß. Da muss man einfach reimen. Der meistgenutzte, darum berühmteste Thüringer-Kloß-Spruch geht so: »Ein Sonntag ohne Klöße verlöre viel von seiner Größe«. Oft liest man auch »verliert«. In so einem lebenswichtigen gastronomischen Fall nehmen wir es mit der Grammatik nicht so genau.

Thüringer Klöße sind Kartoffelklöße, also eine Folge der Entdeckung des Herrn Kolumbus. Aus Amerika gelangte die Erdknolle auch nach Thüringen, ganz und gar kein strukturstarkes Wirtschaftsgebiet zu Zeiten, als die Kartoffel auftauchte. Sofort erkannte man den Nährwert und auch den Mehrwert dieses Lebensmittels, Vitamine sind ja neben viel Stärke auch noch drin. Alles gut fürs Volkswohl. Und dem durch die Einführung der Kartoffel nicht mehr mangelernährten Volk wurde noch wohler, als es herausfand, was man aus Kartoffeln für wunderschöne Gerichte zaubern kann.

Aus Dialektgründen heißt der Kloß in Thüringen wahlweise auch Knölla, Höbes, Hebes, Gleeß, Kließ oder Hütes. Letzterer Ausdruck ist im Meiningischen gebräuchlich und geht auf die Sage zurück, dass Frau Holle das Kloßrezept ausgeplaudert habe. Wollte sie auf die Wichtigkeit des Rezeptes hinweisen oder auf Geheimhaltung dringen? Jedenfalls soll sie gesagt haben: »Hüt es!« Und darum gibt es in Meiningen eben Hütes, wenn es Thüringer Klöße gibt. Dabei ist es gar nicht so kompliziert, einen guten Thüringer Kloß herzustellen:

zwei Drittel rohe, geschabte Kartoffeln, ein Drittel gekochte, ausreichend Salz. Innen gebratene Weißbrotwürfel. Klingt leicht, ist aber doch ein Vorgang, der Wissen und Gefühl erfordert, sonst schwimmt der Kloß als Matsch im Wassertopf.

Sind zerfallen seine Klöße, oh, da wird der Vati böse. Nein, man will ja nicht den sonntäglichen Familienfrieden stören. Störfrei ist übrigens der Gang in eine Gaststätte. In Thüringer Gaststätten gibt es eigentlich immer Klöße, nicht nur sonntags.

Das Schicksal einer Thüringer Stadt hängt an einem goldenen Kloß: Jena. Am Rathaus der Stadt versucht der Schnapphans, ein alter Mann mit einer Art Narrenkapuze, den Kloß zu schnappen. Er versucht das seit dem 15. Jahrhundert, denn so alt ist die Rathausuhr bereits. Wohl und Wehe Jenas entscheidet sich alle sechzig Minuten aufs Neue. Immer zur vollen Stunde wird dem Schnapphans der Kloß vor den Mund gehalten, nie gelang bisher der finale Biss. Zum Glück, denn sonst ginge, so sagt die Sage, die schöne Stadt Jena unter.

So viel zum Essen und Trinken. Auch diese Medaille hat zwei Seiten. Auf der anderen Seite steht: Die Thüringer und auch die Thüringerinnen zählen statistisch mit zu den dicksten Bewohnern Deutschlands. Jedes zehnte Kind ist schon bei Einschulung übergewichtig. Was macht das Bäuchlein groß? – Nicht nur Kloß.

Etwa 4,4 Milliarden Euro Umsatz generiert die Ernährungswirtschaft in Thüringen. Nur rund 800 Millionen davon werden mit dem Export von Nahrungsmitteln umgesetzt. Den Rest konsumieren wir selbst.

Wenn auch die Thüringer Bevölkerung schrumpft, die Biomasse bleibt annähernd gleich. Schmeckt ja!

Die Schönsten und das Schönste

Die heutige Welt ist viel zu sehr eine Ranking-Welt. Gab es das schon immer, diese Listeritis, diese Sucht nach ordnender Hierarchie oder hierarchischer Ordnung? Tabellen nicht nur für Leistung, sondern vor allem für Geschmack. Da kann der Volksmund noch so laut rufen, dass Geschmäcker verschieden sind, irgendjemand wird wieder eine Liste der schönsten Reichen oder reichsten Schönen aufstellen. Das füllt Sendezeit und kostet nicht so viel.

Thüringer sind zwar zumeist bodenständige Typen, aber auch nicht gerade listenfeindlich. Eine Weile gab es eine richtige Flut von »Die 10 besten, schönsten, prickelndsten Wasweißichnichtalles« im MDR-Fernsehen. Darunter auch eine Sendung zu den »10 beliebtesten deutschen Dialekten«. Gefragt wurden aber nur Leute im Sendebereich, also in Thüringen, Sachsen-Anhalt und Sachsen. Das Ergebnis war wenig überraschend, denn auf Platz 1 kam Sächsisch. Dann Bayrisch und so weiter. Nun ja, es war das Ergebnis einer Zuschauerumfrage. Aber was der wichtige Platz 1 für die Sachsen, das war der witzige Platz 7 für die Thüringer. Die Leserschaft dieses Buches weiß längst, was man dem Redakteur des MDR (!) erst einmal erklären müsste, nämlich, dass es gar kein Thüringisch als Gesamtdialekt gibt.

Schönheit ist der Vorname von Thüringen. Die Lobeshymnen über unser Aussehen in puncto Landschaft sind bekanntermaßen nicht zu zählen. Und seitdem es genügend Baumaterial und Farbe gibt und Leute, die alles bezahlen können, sind auch unsere Städte und Gemeinden schöner geworden. Einige, wie Erfurt, zählen zu den schönsten in Deutschland. Jedenfalls sagen das die von unterschiedlichsten Leuten und Institutionen verfertigten Listen. Und wenn nichtdeutsche Touristen kommen und vergleichen, dann wandern wir im weltweiten Ranking sogar noch höher. Das offizielle Thüringen sagt artig lächelnd »Danke!«, und die Thüringer denken: Wofür bedanken, wenn's doch wahr ist.

Nicht mehr von einem, wenn nicht gar von *dem* Spitzenplatz zu vertreiben ist der Erfurter Domplatz in seiner Verkleidung als Weihnachtsmarkt. Die großen Kirchen Dom und Severi sind die Highlights des märchenhaft ausgeleuchteten Bühnenbildes. Und das sind sie auch im Sommer, wenn auf und vor den Domstufen Theater gespielt wird. Die Kulissen sind nicht künstlich, was da steht, ist eben schon Kunst.

Wird der Autor dieses Büchleins nach seinen Thüringer Favoriten gefragt, dann ist er ein bisschen ratlos. Wie soll er aus all den schönsten Schönheiten seines Bundeslandes ein oder zwei Schönheiten herausheben, ohne die anderen zu beleidigen? Ein Vorschlag zur Güte: Schönheit lässt sich am besten mit eigenen Augen sehen. Vom Kyffhäuser-Denkmal zum Beispiel kann man bei klarem Wetter den Inselsberg und sogar den Brocken im Harz erkennen. Kürzersichtige können sich an den kunstvollen künstlichen Bodenbildern auf den Feldern vor dem Kyffhäuser erfreuen. Unsere Kornkreise und Maisbilder machen wir Thüringer selbst. Da brauchen wir keine Außerirdischen.

Wunderschön, geradezu majestätisch ist auch der Blick von den Dornburger Schlössern ins Land. Die drei Schlösschen mit Gärten rundherum stehen am Rand eines Muschelkalkplateaus mit herrlichem Ausblick auf das Saaletal. Und vom schönsten Wanderweg Thüringens, dem Rennsteig, aus sind die Schönstblicke ins Land gar nicht zu zählen.

Und die Menschen hier? Sind wir Thüringer schön? Und vor allem: die Thüringerinnen? Dazu zunächst ein kleiner historischer Ausflug.

Wir stehen mitten in Apolda am Markt, Hausnummer 14. Wir schreiben das Jahr 1900. Im August dieses Jahres übernahm Ernst Koch, vormals Wirkmeister in einer der vielen Strickschick-Fabriken Apoldas und Gastwirt des »Kalten Backofens« in der Schleiergasse, eine neue Gaststätte, die am Markt 14. Erste Marketingaktion: Umbenennung der Gaststätte in »Raritätenheim« und Umgestaltung zu einer Art Kuriositätenmuseum mit Bierausschank. Apolda zählte damals etwa 20 000 Einwohner – Babys, Kinder und Abstinenzler eingerechnet – und fast 100 Gasthäuser.

Ernst Koch lockte die Neugierigen und die Humorvollen. Er warb damit, dass halb- oder viertelbekleidete

Personen bei ihm keinen Eintritt hätten. Zum Hundemarkttag (Apolda ist ja auch die Heimatstadt des schönsten Gendarmenhundes, genannt Dobermann nach dem Herrn Dobermann, der die Rasse züchtete) lud der Wirt ein, dass man sich bei ihm statt eines Hundes ein Äffchen zulegen könne. Als er in seiner Gaststätte ein Guckkästlein mit stereoskopischen Bilderserien aufstellte, nannte er das »Kaiserpanorama« und krönte sich selbst zum Direktor desselben.

Ernst Koch lebte nie seinen Vornamen. Er war ein lustiger Typ, dazu gut aussehend und ideenübersprudelnd. Er ließ sich fotografieren – Zylinder, Gehrock, Stock, Kaiser-Wilhelm-Bart – und Postkarten drucken mit dem Vermerk »Schönster Mann der Welt« und weiteren skurrilen Behauptungen: »Ernst Koch Wirt des berühmten Raritätenheim zu Apolda (interessantestes Nest, diesseits des Aequators) und Unteroffizier des Landsturms. Professor der unentdeckten Wissenschaften. Mitglied des Deutschen Reichs u. Großh. Sächs. Staatsunterthan. Beherrscher verschiedener lebendiger u. toter Sprachen. Hervorragender Sammler auf Hypothekengebiete. Laboratorium für Intelligenzbazillen. Originelles Museum u. Bildergallerie berühmter Männer. Hervorragende Petrefacten u. Steinwaffensammlung. Literarische Alterthümer u. a. das größte Schreibkunstwerk der Welt.«

Zehn Jahre betrieb Ernst Koch erfolgreich das »Raritätenheim«. Nach mehreren Streits mit dem örtlichen Bauamt, Korruptionsvorwürfen und Strafgeldzahlungen gab er dann schließlich auf.

»Der schönste Mann der Welt« endete mit 54 Jahren als ältester Feldwebel der 5. Kompanie des kaiserlichdeutschen 94er Reserve-Infanterie-Regiments gleich bei seiner ersten nächtlichen Patrouille. Eine feindliche Kugel traf ihn. Krieg ist immer unschön.

Zurück ins Apolda von heute. Dort wohnt auf jeden Fall der Mann, der als schönster Mann Thüringens im aktuellen Gedächtnis haftet. Der Schönste, so hieß es einige Zeit lang, als der Mann mit dem einfachen, schönen Vornamen Nico modelte. Einprägsam war sein Nachname. Nico heißt Schwanz. Er war das schönste Männergesicht, dass Thüringen in der Welt sowie in der Prominenten- und vor allem Semi-Prominenten-Sendung »Dschungelcamp« zeigte.

Aber Nico Schwanz hatte ein Problem. Er habe, hieß es eines Tages in der führenden Thüringer Tageszeitung, auf gut Deutsch die Schnauze voll von seinem Namen, wegen all der Spötteleien und miesen Anmachsprüche. Und wenn der Leidensdruck nachweislich zu hoch wird, der Namensträger seelisch verzweifelt, dann darf man in Deutschland aufs Amt gehen und um Änderung nachsuchen. Nico Schwanz sei also amtlich vorstellig geworden. Er wolle nicht mehr Nico Schwanz heißen, sondern – Helmut Schwanz.

Diese Meldung war einer der schönsten Aprilscherze seit jeher in Thüringen.

Und damit der Schönheit nicht genug. Nico Schwanz wurde Vater. Und in der Zeitung stand, der Autor zitiert buchstaben- und zahlengetreu: »Der kleine Schwanz bringt übrigens 3560 Gramm auf die Waage und ist 51 Zentimeter groß.«

In Thüringen schreibt das wirkliche Leben die schönsten Comedy-Gags.

Und die Frauen? Die Fernsehmoderatorin der MDR-Literatursendung »Fröhlich lesen« schrieb ein Buch, in dem weibliche Gewichtsfragen eine große Rolle spielen. Titel des Nicht-so-schlimm-Ratgebers war »Moppel-Ich«. Eine Thüringerin, die mit dem Thema Gewicht zwar dauerkonfrontiert ist, selbst anscheinend aber keine Probleme diesbezüglich hat, schrieb ein Buch, das den Titel des anderen ironisch aufnahm: »Model-Ich«. Schreiberin zwei heißt Eva Padberg und stammt aus Thüringen, geboren in Bad Frankenhausen, aufgewachsen in Rottleben, in der Welt als Supermodel bekannt. In Bad Frankenhausen und Umgebung kann Frau Padberg ungeschminkt herumlaufen, dann erkennen nicht alle die Eva. Mit echt Thüringer »Anderstäjtment« und der hier gern gesehenen Bodenständigkeit erklärte sie, dass es sie nicht umbringen würde, wenn sie niemand erkennt. Sie faulenzt gern und kocht gut. Im Model-Buch stehen zum Beispiel, welch feine Ironie, auch Rezepte für kalorienreiches Thüringer Essen.

Die schöne Thüringerin moderiert und schauspielert auch ab und an ein bisschen. Ihr Ehrgeiz hält sich diesbezüglich in mittigen Grenzen. In kleinen Musikklubs läuft sie aber gern zu gewisser Größe auf, wenn sie mit ihrem Ehemann Niklas als *Dapayk & Padberg* die Clubmusic-Szene aufmischt. Ihr drittes gemeinsames Album haben sie mit *Sweet Nothings* englisch betitelt: Süße Nichtigkeiten. Als keineswegs süß und nichtig empfanden einige Thüringer Eva Padbergs mehrfach wiederholte Interview-Aussage, man könne uns Thüringer recht gut mit Hobbits vergleichen. Beide Völkerschaften hätten eine gesunde Grundskepsis, aber wenn diese überwunden und jemand ins Herz geschlossen sei, dann sei das auch für die Ewigkeit. Wahnsinnig herzliche Menschen gäbe es in Thüringen.

Na schön. Gut und schön. Aber wie kommt sie nur auf Hobbits? Weder die Behaarung noch die Ohrform sind vergleichbar. Und auf großem Fuß leben wir schon gar nicht. Aber Schönheit ist bekanntlich relativ. In Thüringen relativ sicher.

Ein paar Erfindergeister

Thüringer Kinder singen gern. Und weil sie schon frühzeitig an das Leben gewöhnt und wichtige Fähigkeiten
in sie hineingepflanzt werden sollen, haben sich nette
Erwachsene passende Kinderlieder ausgedacht.

Da ob'n auf'm Berge,
da steht ein Karton,
da machen die Zwerge
aus Sonstwas Bonbon.

Thüringer Kinder singen freilich nicht »Sonstwas«. Die
neuerdings meist »Kids« genannten Nervzwerge wissen
genau, woraus die fleißigen Zwerge etwas machen.

Das Ganze ist natürlich eine Metapher. Man könnte
auch behaupten, dass Rumpelstilzchen ein Thüringer
war, denn wer aus Fastnichts ein Ziemlichviel zaubern
kann, der weiß, wie man in strukturschwachen Gegenden das Leben meistert. Aus Stroh Gold machen, ja, das

ist das Fernziel. Aber das kriegen wir eines Tages auch noch hin. Bis dahin backen wir erst einmal kleinere Brötchen, aber immerhin Brötchen.

Einer von uns war mal ganz nah dran am Goldmachen: Johann Friedrich Böttger. Jedenfalls behauptete der 1682 Geborene das. Er sei auch gar nicht mehr so weit davon entfernt, den heiligen Gral der mittelalterlichen Chemie zu finden, den Stein der Weisen. Der Maulheld kam aus einer kleinen ostthüringischen Stadt, aus Schleiz, und war schon als junger Mann so gefragt, dass sich Könige um ihn stritten. Als das Chemietalent allerdings 1701 in Berlin öffentlich vorführte, wie man aus silbernen Münzen goldene macht, war die Fachwelt erstaunt und die Laien bewunderten den Alchimisten. Gut, es war nur ein raffinierter Trick, aber vor allem war es eine hochwirksame Werbeaktion für den jungen Alchimisten. Die Monarchen Europas allerdings reagierten hektisch, weil sie eine Chance sahen, ihre maroden Staatskassen mit einer Permanentfüllung zu versehen. Darum ließ Preußenkönig Friedrich I. auf den Thüringer Johann Friedrich ein Kopfgeld ausschreiben. Der Gesuchte setzte sich nach Wittenberg ab, um an der dortigen Universität Medizin zu studieren. Dann erfolgte der Zugriff auf den Thüringer, aber der erfolgreiche Häscher hieß nicht Friedrich Eins, sondern August der Starke und war der sächsische König.

Was soll man sagen: selbst gewähltes Elend, nicht wahr? Böttger hätte ja das Gold still und heimlich im heimischen Laboratorium für sich selbst herstellen können. Aber nein, Ruhmsucht machte den Böttger zu einem sächsischen Sklaven. Mit dem Gold klappte es nicht, aber nach jahrelangen Experimenten gelang die

Produktion eines fast ebenso wertvollen Stoffes: europäisches Hartporzellan. Das weiße Gold, wie es gern genannt wurde, konnten bis dahin nur die Chinesen herstellen, und Porzellan aus China war teuer.

Kurz und schlecht: Im Knast hat also ein widerrechtlich arretierter Thüringer dem oft klammen Sachsenkönig die Lizenz zum Gelddrucken erfunden. Ganz genau am 15. Januar 1708 um fünf Uhr nachmittags. Das ist protokolliert. Wie auch Böttgers leise Bitte um Öffnung der Gefängnistür: »Ob aber der achtjährige Verlust meiner Freyheit so Beschaffen gewesen, daß ich als Mensch niemahls Uhrsache gehabt hatte Betrübt zu seyn, überlaße ich dem höchsterleuchtenden Nachdencken von Ew. Königl. Mayst. und einer stillen und unpartheyischen Beurtheilung der ganzen Welt ...« Zwar öffneten sich 1714 endlich die Türen, aber Böttger durfte als Geheimnisträger Sachsen nicht verlassen. Fünf Jahre später starb er nach ein paar selbst verursachten Chemieunfällen mit giftigen Substanzen. Wieder hatte er versucht, Gold herzustellen. Das Ergebnis war aber nur »Sonstwas«.

Porzellan übrigens haben wir Thüringer dann in mehreren Schluchten des Thüringer Waldes ganz unabhängig voneinander mehrfach wiedererfunden. Unsere Porzelliner hießen Macheleid, Greiner und Hammann. Wer Porzellanmuseen besichtigen möchte, muss in Thüringen nicht lange suchen. Es gibt recht viele davon. Das neueste und modernste, ein ziemlich überraschendes Museum, in dem man sich stundenlang aufhalten kann, findet man auf der Leuchtenburg bei Kahla.

Im »Airport-Büropark Erfurt« verläuft zwischen den hohen Betongewächsen die Hugo-Junkers-Straße. Das

ist jener Junkers, der Eigentümer der Junkers Flugzeug-
werke AG war und sich nicht mit den Nazis arrangieren
wollte, dafür enteignet wurde und in Dessau Stadtver-
bot bekam – aber das ist keine Thüringer Geschichte.
Wir brauchen die nach ihm benannte Straße auch nur,
um eine andere, kleine Straße einmünden zu lassen: die
Melchior-Bauer-Straße. Da man in Deutschland, wozu
Thüringen ja gehört, von einer gewissen Ordnung auch
bei der Benamung von Stadtvierteln ausgehen kann,
muss man den Herrn Bauer also wie den Herrn Junker
irgendwie dem Flugwesen zuordnen? Die Antwort lau-
tet: Fast!

Melchior Bauer war ein Bauernsohn aus dem Altenburger Land. In Lehnitzsch 1733 geboren, lernte er das
Gärtnerhandwerk. Er las gern und viel in der Bibel und
wunderte sich, wieso der Mensch, das Ebenbild Gottes,
sich nur auf der Erde und im und auf dem Wasser bewegen könne, nicht aber in der Luft.

»Denn es ist des gerechten Gottes Rath, das Wir Menschen sollen drey Wege gehen; nemlich, auf Erde, Wasser, und Luft: Sein Wort ist uns zeugniß genug, und auch
die Creaturen und thiere auf Erden: Solten denn die
dummen Flügen, mücken, und Heuschrecken, einen
ewigen Vorzug, vor vernünftigen menschen und Kindern Gottes haben? Sind denn die menschen nicht so
viel Werth, als … gänse, schwane, und störche? Solten
denn mit Gottes Hülfe, dem menschen solche Dinge
nicht auch möchlich seyn, so Wohl als über Das Wasser
zu fahren? Denn Gleich Wie uns Gott instrumente gegeben hat, über das Wasser zu fahren, also kan er uns auch
instrumente geben, in der Luft zu gehen: Denn er ist
mächtig und Weise genung dar zu.«

Die Handschrift, zu der Konstruktionszeichnungen eines Fluggerätes gehören, wurde erst 1921 zufällig im thüringischen Staatsarchiv Greiz wiederentdeckt. Aber das Verrückte an der Geschichte ist, dass Melchior Bauers Gleitflieger mit Details ausgestattet war, die sich auch an den ersten Motorfliegern wiederfanden – das Verspannungssystem zum Beispiel, damit die Flügel nicht abfielen. Bekannt ist nur, dass Melchior Bauer sowohl beim englischen König Georg III. als auch bei Preußenkönig Friedrich II. versuchte, Geld zu schnorren, um sich ganz der Entwicklung des Flugwesens hinzugeben. Umsonst.

Dann startete er einen letzten Versuch und schickte die Unterlagen 1767 an Graf Heinrich XI. in das verschnarchte Reuß-Greiz, wo sie bis 1921 im Archiv schlummerten. Folgenlos, sagt man. Um 1770 verliert sich die Spur des Mannes. Wanderte er vielleicht aus, hatte er Kinder, die seine Träume weitertrugen? Jedenfalls hat kein Flugpionier nach ihm sein Fliegzeug »Gnadenstuhl« genannt. Die anderen Flugpioniere flogen auch ohne Gottes Gnade.

Die Melchior-Bauer-Straße in Erfurt ist übrigens eine Sackgasse. Das hat leider Symbolwert.

Beinahe hätte ein Thüringer Schuld daran, dass der ebenfalls fluginteressierte Otto Lilienthal vielleicht nie in die Luft und final zu Boden gegangen wäre. Oder bewirkte das Thüringer Tun unter Umständen das genaue Gegenteil?

Sortieren wir die Sache. Den Brüdern Otto und Gustav Lilienthal war es nach einigen Kochstunden am heimischen Herd gelungen, aus Firnis, Kreide und Sand die

Vorläufer der Lego-Steine herzustellen. Eine epochale Erfindung, die das Leben in den Jungskinderzimmern des deutschen Mittelstands umkrempelte. Eine Spielzeugrevolution. Aber den Gewinn dieser Umwälzung am Spielzeugmarkt machten nicht Lilienthals, sondern ein Herr Richter aus Rudolstadt, der die Erfindung 1880 kaufte und sofort ein Patent anmeldete. Der Mann hatte mehr Geschäftssinn als Erfindergeist, und vor allem hatte er einen guten Riecher für Trends. »Richters Anker-Baukästen« wurden der Hit. Kaum ein deutsches Elternteil, das in den kommenden Jahren nicht fluchend durchs Kinderzimmer hopste, weil es barfuß oder in Strümpfen auf einen Steinbaustein getreten war. Die Brüder Lilienthal versuchten etwas abzubekommen vom Gewinn, gingen gerichtlich gegen Richter vor, sicherten sich die Auslandspatente, bauten gar eine Baustein-Fabrik in Frankreich, die aber, kaum fertig, abbrannte. Und in zweiter Instanz verlor Gustav Lilienthal den Baustein-Prozess und 20 000 Mark, Otto hatte da schon aufgegeben. Der Rudolstädter Herr Richter entzog also den Lilienthals eine Menge finanzielle Mittel, die vielleicht ins Flugwesen geflossen wären. Oder: Weil er Lilienthals vom Steinbausteine-Markt fernhielt, hatte Otto Zeit und Lust, sich in die Lüfte zu werfen. Wer weiß?

Noch ein kleines Schwänzchen hat die Geschichte: Gustav Lilienthal wird später der Erfinder des zerlegbaren Hauses, aber in groß. Damit war der Fertigteilbau begründet. Bestimmt hat Gustav in irgendeinem Kinderzimmer vor Wut ein Anker-Stein-Haus zerlegt. Manchmal kommen dem Menschen in destruktiven Momenten die besten Ideen.

Was kann man denn noch so gebrauchen, was Thüringer erfunden haben? Ganz sicher braucht der dem Weine zugeneigte Mensch keine Gebrauchsanweisung für die Handhabung eines Weinflaschenöffners. Aber es wäre schon angebracht, dass man beim Korkenziehen mithilfe eines Korkenziehers mit Schraubenspindel und Drehhülse am Griff oder gar bei der Nutzung eines Öffners mit Kippnasenhülse ein paar Dankesworte murmelt: Danke, lieber Heinrich Ehrhardt aus Zella! Und wir sollten uns den Namen merken, denn der Korkenzieher war Ehrhardts erste Erfindung, der anschließend immerhin noch 128 patentgerechte Gedankenblitze folgten. Später noch mehr dazu.

Thüringer Erfindergeist geisterte oft um das Naheliegende. Der Hildburghäuser Rudolf Scheller muss als Erfinder der Tütensuppe und des Suppenwürfels angesehen werden. Leider reichte sein Werbebudget nicht aus, um Maggi & Co. aus dem Feld zu schlagen. Und woher stammen die Erfinder des Kunstkautschuks, des Glasauges und der Pockenschutzimpfung? Natürlich aus Thüringen. Der Ebola-Schnelltest kommt aus Weimar, das erste Projektionsplanetarium der Welt stand in Jena, Adolf Scheibe aus Zeulenroda entwickelte die Quarzuhr und entdeckte, dass die Erde nicht mit gleichmäßiger Geschwindigkeit rotiert. Diese Erkenntnis ließ die restlichen Thüringer allerdings seltsam kalt.

Dafür wurden die Thüringerinnen ganz heiß, als Ernst Fischer aus Suhl die ersten elektrischen Nähmaschinen nach dem Krieg entwickelte. 1948 dachte er sich die strombasierte Koffernähmaschine »Freia« aus und ein paar Jahre später die erste vollautomatische Nadelherstellungsanlage der Welt in Ichtershausen. Als Rentner warf sich Fischer auf die Erforschung der frühgeschichtlichen Eisenproduktion und fand sogar heraus, dass Südthüringen eher als gedacht, nämlich keltisch besiedelt war.

Immer wieder waren es Leute aus dem Thüringer Wald, die Neues erfanden und bauten. Langeweile kam nicht auf. Auch heute nicht, schließlich muss man sich darum kümmern, dass endlich dem Erfinder des Tretkurbelfahrrades Gerechtigkeit widerfährt und er einen ordentlichen Eintrag im Internet bekommt. Im Lexikon war Heinrich Mylius nie zu finden – ein Mann, der 1845 nachweislich einen Kreativschub hatte. In dem Jahr veröffentlichte er Gedichte in einem Hildburghäuser Verlag und baute in Themar das erste Tretkurbelfahrrad der Welt. Aber als er 1849 nach Amerika flüchtete, weil er sich bei den Ereignissen 1848 politisch hervorgetan hatte und um sein Leben fürchtete, da ließ er sein Tretkurbelfahrrad in Themar zurück. Niemand interessierte sich für sein Fortbewegungsmittel. Das Original steht im Themarer Stadtmuseum. Mylius kam nie dorthin zurück. Er blieb als Uhrmacher in Harvard (Illinois).

Die nächste Geschichte möchte der Autor eigentlich nicht… doch, er soll. Gegen seinen Willen, ausdrücklich! Warum das Gezerre? Eigentlich zeigt sie doch nur wieder, wie durchsetzungsfähig Thüringer auch in der Welt sind. Anfang der 1930er-Jahre verschickte Hugo Kirchberg, Mitte zwanzig, fast 500 Bewerbungen aus Eisenach in wirklich alle Welt und sammelte Absagen. Die Wirtschaft kriselte rund um den Globus, da nützte auch Thüringer Tatendrang nichts. 1934 wurde eines seiner Bewerbungsschreiben in Hamburg geöffnet, worin der frisch-freche Eisenacher erklärte, mit ihm als Angestellten würden sich der Beiersdorf AG unbegrenzte Möglichkeiten der Selbstklebe-Technologie eröffnen. Etwas ungnädig kanzelte man ihn ab, lud ihn aber zum Personalgespräch. Kirchberg krempelte in ein paar Jahren den Vertrieb für technische Klebebänder, damals ein Stiefkind des Unternehmens, um. Als einer der Ersten arbeitete er mit sogenannten *direct mailings*, mit Anschreiben an Kunden und potenzielle Käufer. Und er erfand den Behälter für Klebestreifenrollen, wie man ihn fast unverändert heute noch kennt. Aber es fehlte noch der Geniestreich. Der gelang ihm, als er 1936 den im Unternehmen »verbrannten« Produktnamen »Tesa« durchsetzte. Erfunden hatte den Namen die Beiersdorf-Sekretärin Elsa Tesmer, die einfach ein paar Buchstaben ihres Namens verschmolz – allerdings als Namen für eine Zahnpasta. Die floppte. Außer Kirchberg glaubte niemand, dass man nun Erfolg haben könne. Als sich der gebürtige Eisenacher jedoch nach fast vierzig Betriebsjahren in die Seniorenschaft verabschiedete, sagte man nicht nur »Tschau, Mister Tesa!«, sondern konnte rund 600 »Tesa«-Produkte anbieten. Weltweit.

Und was ist nun so schlimm an der Geschichte? Muss der Autor doch …? Er muss, wie gesagt, nur unter Protest! Denn Kirchberg verleugnete seine Thüringer Herkunft und nahm sogar Sprachunterricht, um seinen prägnanten Eisenacher Dialekt abzulegen und fortan mit der Zunge Hamburgisch »über den sspitzn Sstain zzu sstolpern«. Nee, aber auch, Hugo, wie kann man sich so verleugnen? Nur für Geld.

Und jetzt noch eine schlechte Nachricht aus Thüringen: Ein hiesiger Erfindergeist aus Jena hat das schnellste Verkehrsmesssystem weltweit erfunden und gebaut. Das wäre ja nun wirklich nicht nötig gewesen. Wie bitte? Zwölf digitale Einzelbilder pro Sekunde? Amtlich bestätigte Messfehlerrate nur 0,3 Prozent. Und die Anlage kann außer Tempoplus auch Abstandsminus und Rotlichtverstöße gerichtsfest dokumentieren. Schön, dass diese wunderbare Thüringer Erfindung erst einmal in Baden-Württemberg getestet werden soll.

Der Mittelstand erhält das Land

Warum heißt der Mittelstand Mittel-stand? Weil er steht? Aber es soll doch immer vorwärtsgehen. Der Thüringer Mittelstand steht nicht, doch oft fehlen die Mittel, um in großen Schritten vorwärts zu gehen. Nun, dann macht man eben kleine. Das ganz große Geld wird anderswo verdient. Manchmal wird es auch in Thüringen verdient, aber anderswo versteuert. Hier gibt es durchaus Großunternehmen, aber meistens finden sich bei uns doch eher die kleinen Ableger oder die verlängerten Werkbänke, die Töchter der Mutterunternehmen außerhalb Thüringens.

Immer wieder wird der Mittelstand als Rückgrat der Thüringer Wirtschaft beschrieben. Analysten bescheinigen uns vergleichsweise kleine Unternehmensgrößen, aber ein hohes Innovationspotenzial, was man an der Weltmarktführerschaft vieler dieser klein- und mittelständischen Betriebe ablesen könne. Der Thüringer Wirtschaftsminister ist nicht immer einer Meinung mit den Analysten, aber der Minister will ja auch etwas mehr für sein Bundesland. Mehr, schneller, höher, weiter nach vorn! Wachstumwachstumwachstum! Warum, fragen viele hier. Es geht uns doch gut. Dann schallt es zurück: Gut ist der erste Feind von besser! Das hängt uns so zum Halse raus, den Spruch kennen wir noch aus der sozialistischen Versuchsperiode.

Wir Thüringer gehen mit der Konjunktur, freilich auch mit der Krise, obwohl uns bestimmte Krisen gar nicht so tangieren, weil die Thüringer Unternehmen irgendwie nicht groß genug für diese ganz großen Krisen sind. Ganz privat hat sich mal ein Thüringer ironisch dazu geäußert: Wenn ihn die nächste große Krise genauso hart träfe, wie der letzte Aufschwung bei ihm angekommen sei, dann freue er sich auf eine wunderschöne Zeit.

Warum weigert sich der Thüringer Mittelstand geradezu, sich unternehmerisch zu vergrößern, mal so eine feine feindliche Übernahme durchzuziehen? Auch da kann man, allerdings anonym, einen Thüringer zitieren: Wir Mittelständler sind doch nicht blöd, wir wissen, dass sich feindliche Übernahmen nicht immer lohnen, bestes Beispiel – man frage die Bürger der alten Bundesländer – ist die deutsche Vereinigung.

Es gibt hier erstaunlich wenige Einkommensmillionäre. Wir arbeiten lieber. Oder liegen die Gründe doch woanders?

Die Thüringer Beschäftigten, das hat eine DGB-Studie ergeben, zeigen sich immerhin zu fast 60 Prozent mit ihrem Mittelstands-Wirtschaftsstandort zufrieden. Noch 20 Prozent mehr haben das Gefühl, hier einen recht sicheren Arbeitsplatz zu haben. Nur das Lohnniveau ist nicht zufriedenstellend. Es ist nicht das bekannte Jammern auf hohem Niveau. Nicht jeder kann von seinem Lohn leben, ohne zusätzlich den Staat bemühen zu müssen. Und die Frage, wie man aus Stroh Gold spinnt, die wurde eben immer noch nicht beantwortet.

Wenn die hundert größten Thüringer Unternehmen aufgelistet werden, steht auf Platz eins ein Handelsbetrieb mit Konzernzentrale in Hamburg, dessen Thüringer Mitarbeiterzahl sich gerade mal im vierstelligen Bereich bewegt. Bahn und Post, Energieunternehmen und Arbeiterverleihfirmen stehen ebenfalls vorn mit auf der Liste. Schon ab Platz 27 werden die Beschäftigtenzahlen dann dreistellig, ungefähr auf Platz 65 sinkt die Zahl der Mitarbeiter unter 500. In Thüringer Ohren klingt das wie ein überdimensionierter Großbetrieb.

Hier reichen wenige Leute, um zum Beispiel in Gera die Innenausstattung des Papamobils zur Zufriedenheit des Stellvertreters auf Erden fertigzustellen. Himmlisch! Soll der Papst ausgerufen haben.

Würde man die Beschäftigten aller Thüringer Unternehmen bitten, sich in einer Reihe aufzustellen, dann dürfte der Scheinwerfer nur bei jedem zehnten Menschen angeknipst werden, um zu zeigen: Diese Menschen sind bei den »Großen« angestellt. Die neun dazwischen arbeiten in mittleren und kleinen und Kleinst-Unternehmen. Auffällig ist die Ballung der »Großen« am Thüringer Speckgürtel. So wird gern – stolz oder neidisch – das Gebiet entlang der A 4 genannt. Drei von vier der »Großen« haben sich nahe des Haupttransportweges angesiedelt, der in Ost-West-Richtung verläuft. Richtig geballt hat es sich in und bei Erfurt und Jena.

Man weiß nicht, ob der Wirtschaftsminister heimlich an Zahlenmystik glaubt, aber vielleicht träumt er: drei Viertel an der A4, demzufolge optimistisch geträumte 69 Einundsiebzigstel an der A71, wenn sich die Fertigstellung der die A4 kreuzenden Autobahn A71 herumgesprochen hat. Ein paar Logistiker sind schon draufgekommen. Und dann gibt es da unten in Südthüringen ja auch noch den Abzweig A73 …

Erstaunliches ist in den vergangenen Jahren in Thüringen passiert. Blickt man durch die Regionalbrille, fällt das gar nicht so auf. Aber legt man den internationalen Filter auf die Wirtschaft im mitteldeutschen Bundesland, dann darf man feststellen, dass hier ansässige Unternehmen, die in ihrer Branche Weltmarktführer sind, nicht mehr nur an einer Hand abzuzählen sind. Man braucht mittlerweile sieben Hände. Und noch dreizehn Hände dazu, um die europaweit und deutschlandweit Führenden aufzuzählen. Die wirtschaftliche Nachwendedelle scheint überwunden.

Einige Unternehmen sind stark am Markt, andere besetzen geschickt ihre Nische. Außer in Nobitz werden zum Beispiel nirgendwo in Deutschland Personenanhänger für Stadtlinienbusse hergestellt. Und eine Firma aus Brotterode im Thüringer Wald erstaunt den Weltmarkt mit externen Fahrzeugbeleuchtungen, besonders solche mit LED- und Infrarot-Technologie: Automotive Lighting GmbH.

Und wenn man irgendwo in der Welt fragt, woher diese Produkte kommen, könnte sich die Tesa-Kirchberg-Geschichte teilweise wiederholen. Denn dort im Thüringer Wald rollt man das Wort »Brodderohde« so sehr hintergaumig, dass Brotterode nach dem Prinzip

»Lesen wie gesprochen« wohl von niemandem in der Welt auf einer Landkarte gefunden werden kann.

Der tägliche Brotteröder Ausstoß an Scheinwerfern liegt bei 5500 Exemplaren. Dazu kommen jährlich 4,5 Millionen LED-Module und weitere Produkte. Wer Neuwagen großer deutscher Autohersteller fährt, beleuchtet die Straßen mit hoher Wahrscheinlichkeit mit Leuchtmitteln aus dem Thüringer Wald. Frech tönt es aus diesem Wald, dass ihre Top-Scheinwerfer leistungsfähiger seien als die Hochtechnologie der »Apollo-11-Mission«. Das konnte man in einer mit führenden thüringischen Tageszeitung lesen. Und die Besserverdienenden ärgern sich darüber, dass man nicht mal mehr mit zwanzig Swarovski-Kristallen in der LED-Leiste etwas Besonderes hat. Solche Scheinwerfer werden in Brotterode schon länger in Serie gebaut.

Und wenn man von Firmen wie »Carl Zeiss« und »Schott« und »Jenoptik« hört, hat man den optischen Weltruf sofort im Ohr. Man erinnert sich vielleicht auch an diese Weltraum-Kamera, die von den Entwicklungsingenieuren kurz MKF6, von den DDR-Zeitungen jubelnd Multispektralkamera und vom Volksmund Multispektakelkamera genannt wurde. Solche Kameras flogen mit sowjetischen Raumschiffen wie »Sojus 22« und fotografierten die Erde auf sonderbare, aber sehr wissenschaftstaugliche, falschfarbige Weise. Als der erste deutsche Kosmonaut, Sigmund Jähn aus Morgenröthe-Rautenkranz, auf der Raumstation MIR arbeitete, durfte auch er die Multispektakelkamera bedienen. Wir Thüringer lassen auch Sachsen an unsere Geräte, wenn sie nach Gebrauch wieder so aussehen und funktionieren, wie vor dem Gebrauch. Also die Geräte.

Und da war doch noch etwas mit Jena? Aber klar, »Jenapharm«. Gibt es diese Firma noch? Man erinnert sich im Osten an Pillen, die den ungestörten, vor allem resultatlosen zwischenmenschlichen Körperkontakt ermöglichten. In aufgeklärten und wortwitzelnden Kreisen wurde diese Pille auch Bernstein-Pille genannt, in Erinnerung an den sozialdemokratischen Theoretiker, der den Satz gesagt haben soll: »Die Bewegung ist alles, das Ziel ist nichts.« Jenapharm kümmert sich noch heute um Selbiges. Die werbeseitigen Formulierungen sind aber besser geworden. »Jenapharm« versteht sich als »Spezialist für Liebe, Leben und Gesundheit – mit speziellen Lösungen für besondere Bedürfnisse.«

Im nächsten Abschnitt dieses Kapitels begeben wir uns nach dem kleinen südthüringischen Städtchen Eisfeld. Das ist nur deshalb zu seiner kleinen Größe angewachsen, weil eingemeindet wurde: Bockstadt-Herbartswind, Harras, Heid, Hirschendorf und Waffenrod-Hinterrod. So heißen die Dörfer eben in Südthüringen.

Der mittlerweile fast vergessene Schriftsteller Otto Ludwig wohnte in seinen Jugendjahren hier. Die in Nordwürttemberg, Bayern und Hessen im 19. Jahrhundert beliebten »Schnetter Truhen«, im volkstümelnden Look gestaltete Kisten und andere Möbel, kamen aus Eisfeld. Wolfgang Thierse, fusselbärtiger Bundestagspräsident, ging in Eisfeld zur Schule. Und sonst so? Das Feintechnik-Werk gibt es hier, und neuerdings kommen noch zwei smarte US-Boys dazu.

Von Anfang an: Schärfe ist manchmal lebensrettend. Das merkten die deutschen Soldaten im Ersten Weltkrieg, als sich ihre Rasiermesser im Dreck der Schützengräben nicht mehr so richtig scharf schärfen ließen. Wenn es schnell gehen musste mit der Gasmaske, störte jeglicher Bart. Mit Bart war die Maske zudem undicht. Schnell setzten sich darum an der Front amerikanische Doppelklingenrasierer durch. Eine zweischneidige Sache, Produkte des Feindes für das eigene Überleben. Als dann das kriegerische Kreuzen der Klingen für Deutschland verloren war, traten die friedlichen Klingen ihren Siegeszug an.

Ab 1920 kamen Rasierklingen auch aus Eisfeld. Bis heute gab es, allen Widrigkeiten zum Trotz, keine Produktionsunterbrechungen. Die Rasiergeräte, mit Eisfelder Klingen in Thüringen hergestellt, werden gern in großen Drogerie- und Handelsketten gekauft. Heutzutage sind mikroskopisch feine Bögen an den Klingen wichtig für eine gute Rasur, aber man muss die sogenannten gotischen Bögen erst einmal schleifen können, wenn man auf dem Weltmarkt mithalten will. Die Eisfelder von der »Feintechnik GmbH« können das und sind damit zum fünftgrößten Klingenhersteller weltweit aufgestiegen.

Auf weitere Steigerung hofft man, seitdem zwei US-amerikanische Jungunternehmer die »Eisfelder Feintechnik GmbH« für 100 Millionen Dollar gekauft haben. Nun will man die angeblich alt und fett und zu teuer gewordenen Herren Wilkinson und Gillette das Fürchten lehren, indem man preiswerte, aber hochqualitative Thüringer Klingen über das Internet auf den amerikanischen Markt wirft. Und warum sollte das mit Thüringer Ideen und Produkten nicht klappen in Amerika? Schließlich hat es auch mit der Brooklyn Bridge in New York geklappt und mit der Mundharmonika für die

Cowboys am abendlichen Lagerfeuer. Thüringer Know-how. Beides.

Große Sensation!! In Thüringer wurde nun doch endlich eine Möglichkeit gefunden, »Sonstwas« zu Gold zu machen. Erinnern Sie sich: Da ob'n auf dem Berge, da steht ein Karton, da machen die Zwerge aus Sonstwas Bonbon. Haha, und von wegen Bonbon. Das könnte Gold werden. Endlich ist an der Bauhaus-Universität Weimar am Lehrstuhl für Biotechnologie in der Ressourcenwirtschaft in Bezug auf die frühkindliche Stuhlabführungsproblematik der Durchbruch gelungen. Fertig ist nach jahrelangen Experimenten und einer langen Testphase die ökologische, nachhaltig produzierbare und komplett kompostierbare Windel.

Dicht halten soll die Windel auch. Und dazu sieht sie auch noch ansprechend aus, die Hybridwindel. Die Kompostierung wurde erfolgreich in Umpferstedt getestet. Das Ergebnis: extrem hochwertiger Humus, reich an Stickstoff und Phosphor. Eine Lizenz zum Gelddrucken. Die Welt der Windel wird nachhaltig revolutioniert. Goldene Zeiten werden in Thüringen anbrechen.

Ausflug nach Osten: Im »Historischen Friseursalon«

Altenburg liegt im östlichen Zipfel Thüringens. Böse Zungen vergleichen Thüringen auch manchmal mit einem Hund, der mit seinem Altenburger Schwanz wedelt. Hat sich was! Manchmal wedelt der Schwanz ja auch mit dem Hund.

Gut, um Streit zu vermeiden, schauen wir mal in die Skatstadt: Schloss mit Skatmuseum, Skatgericht, Skatbrunnen. Brockhaus war hier, und der Herr Lindenau sammelte viel Kunst, die heute im Lindenau-Museum zu sehen ist. Die »Roten Spitzen« sind kein Kommunisten-Kabarett, sondern ein bauliches Wahrzeichen Altenburgs. Die alte Malzkaffeefabrik könnte auch ein bisschen frische Farbe vertragen. Und sonst so?

Geheimtipp: der historische Friseursalon. Im Altenburger Häuserbuch ist nachzulesen, dass seit 1926 der Friseurmeister Arthur Grosse Eigentümer des Hauses Pauritzer Straße 2 war. Er ließ sich einen Damen- und Herrensalon in guter deutscher Handarbeit in sein Haus einbauen. Und dann schnippelte er Haare, wusch, legte, fönte, und zwar bis 1966. In dem Jahr schloss er sein Geschäft zu, so wie es war. Das kleine Schaufenster zur Straße hin verstaubte, und alles geriet in Vergessenheit.

Bis 2001 der Hauseigentümer starb und die Erben das Haus und vor allem die historische Friseur-Einrichtung in klingende Münze umwandeln wollten. Die Denkmalschutzbehörde schlug Alarm, und die Friseur-Innung hörte den Krach. Zum Glück gab es ein paar geschichtsbewusste Leute, die in der Innung einen Mehrheitsbeschluss herbeiführen konnten, und man kaufte Haus und historische Inneneinrichtung.

Wer sich heute durch das kleine Museum führen lässt, erfährt eine Menge Nützliches und Witziges zum Thema Haare und zu allen friseurlichen Nebenthemen: Nasenformkorrekturschrauben, Verhütungsmittel. Zahnseife war auch im Angebot. Ja, Seife. Die Museumsführung würde übrigens gut auf jeder Comedybühne funktionieren – ganz im Ernst.

Spott zum Gruße

Neulich bei Sprachspielers zu Hause. Man schwatzte so daher über die Thüringer Orte Sprachfehlerhausen, Zwiebelstedt und Kupferhügel, streifte Airfurt, lachte über Lederhose, Hungriger Wolf und Kuhfraß und hörte bei Poppendorf nicht auf.

Kurze Frage: Welche der acht Ortsnamen, denn um solche handelt es sich, sind Blödel, welche stehen wirklich auf den Ortseingangsschildern oder sind vom Navigationsgerät auffindbar? Schnelle Auflösung: die ersten vier sind auf der Landkarte nicht zu finden. Das Dorf Stotternheim, ein eingemeindeter Erfurter Ortsteil, wird allerdings manchmal liebevoll als Sprachfehlerhausen bezeichnet. Zwiebelstedt entpuppt sich als Lauchröden, Kupferhügel als Eisenberg. Und Airfurt ist in der Viererkette der ernst gemeinte, bisher fehlgeschlagene Versuch einer Werbeagentur, der Landeshauptstadt Erfurt zum weltgewandten-weltbekannten Ruf als Standort eines internationalen Großflughafens zu verhelfen. Der flughafennahe »Büro-Park«, der mehr eine Betonwüste ist, trägt schon den Namen Air-furt. Die Anti-Denglisch-Deutschen haben erstaunlicherweise noch nicht vernehmlich protestiert.

Namen sind Schall und Rauch? Das stimmt nur teilweise, denn die Sprachforscher können ziemlich genau und sehr seriös nachweisen, wo der Name eines Ortes oder Menschen begründet herrührt.

Seriös ist nicht immer unterhaltsam, und da freut man sich, wenn man plötzlich auf Namen stößt, die sich die Ortsbewohner oft nur mit einem schiefen Lächeln gefallen ließen. Spottnamen, Spitznamen, Uznamen. Egal, wie man sie nennt, es sind immer kleine Sticheleien, manchmal gar deftige Ohrfeigen. Alte Geschichten, hauptsächlicher Broterwerb oder angebliche Charakterklischees gerinnen zu spöttischen Bezeichnungen.

Wobei man sagen muss – das haben diese Sprachforscher auch erforscht: Man nimmt heutzutage die Namensspöttelei eher auf die leichte Schulter und lässt frech gemeinte Anwürfe einfach an sich abperlen. Mehr noch, in den Orten haben findige Menschen erkannt, dass diese Uzereien sogenannte Alleinstellungsmerkmale sind, mit denen man bei der touristischen Vermarktung der Orte auch gut operieren und punkten kann.

Die Erfurter etwa rühmen sich, ganz einzigartige Puffbohnen zu sein – *rischddsche Buffbohn'n*, wie es im Dialekt dann heißt. Da gehen Millionen Besucher der Thüringer Landeshauptstadt Erfurt an der Tourist-Information am Benediktsplatz vorbei und sehen im Schaufenster Seltsames: verschiedenfarbige Plüsch ... ja, was soll das sein? Bohnen? Bohnen mit Fell, verschimmelte Bohnen? Wieso mit Gesicht? Seit wann grinsen Bohnen frech und zwinkern mit den Augen? Oder Erfurt-Besucher und Einheimische sprechen etwas ausführlicher miteinander, und plötzlich fällt das rotlichtgeschwängerte Wort Puff. Den zweiten Wortteil, nämlich Bohne, überhört man beim ersten Mal meist. Hektische Rötungen wandern in die Gesichter der Besucher. Dann kichern die Erfurter, aber nicht verdruckst, sondern ganz fröhlich, und lösen das Rätsel: Puff steht hier nicht für Männererleichterungsanstalt, sondern ganz einfach für Furz. Und Puffbohnen fördern in erheblichem Maße die menschliche Ablüftung. Weil die Ernährung im Mittelalter angeblich sehr bohnenlastig war, hätte es in Erfurt eben unablässig gepufft. Der Neckname lag also nahe.

Wenn man allerdings ein wenig in der Erfurter Geschichte herumschnüffelt, könnte man auf einen ganz anderen Gedanken kommen: Die Erfurter waren stolze Bürger. Stolz speiste sich aus Reichtum, und davon hatten, in mittelalterlichem Maße, einige Erfurter Bürger übergenug. Und genauso übergenug hatten sie die Tatsache, dass sie von ihrem Reichtum abgeben sollten. Das leidige Thema Steuern! Diese Steuergelder jedoch verblieben nicht in der Stadt, sondern wanderten in den Westen ab, denn Erfurts auch weltlicher Oberherr war der Mainzer Erzbischof. Die aufmüpfigen Erfurter bauten eine Stadtmauer um die Stadt, und dann noch eine Mauer um die Mauer drumherum. Und wenn ein Mainzer Steuereintreiber ans Stadttor klopfte, dann hätten, so sagen die Überlieferungen, einige Erfurter hämisch gelacht, den Allerwertesten entblößt und von den Mauern laut die Furztrompete erschallen lassen. Die Mainzer Besteuerungsbeamten kriegten zu Spott und Furz »nicht die Bohne« an Steuergeldern dazu…

Dieses furzende Bürgerpack forderte doch wirklich und wahrhaftig seine Freiheit, eine freie Reichsstadt wollte man werden. Hat aber nie geklappt. Im Gegenteil, als die Erfurter auch die kaiserliche Reichsacht – der Generalbann, der die Stadt und alle Bürger jedweder Rechte beraubte – nicht beachteten, durfte Johann Philipp von Schönborn, der Kurfürst von Mainz, die Stadt und einiges an zugehörigem Umland zu seinem Eigentum machen. Die Überwindung der beiden Mauern gelang ihm aber nur mithilfe von 15 000 Soldaten und erst nach tagelanger Belagerung. Vielleicht waren den Erfurtern ja die Puffbohnen-Vorräte ausgegangen.

Spitznamen sind ein unterhaltsames Thema. Ursprünglich kam es durch die Verwendung derselben zu jenen Erscheinungen, die heute beim gegenseitigen Zeigen von Fußballklubschals nicht unüblich sind. Aber im 20. Jahrhundert wurde der Namens-Spieß umgedreht: von Bös-Wort zum stolzem Bin-Ich. Wer es sprachwissenschaftlich korrekter haben möchte: vom Negativ-Stereotyp zum positiven Selbstbild. Der Lokalstolz ging so weit, dass da und dort sogar Denkmäler für die einstige Beschimpfung gebaut wurden. So eines steht zum Beispiel in Kallmerode im Eichsfeld.

Kallmeröder mussten sich zwiefaches Necken gefallen lassen. »Kallmeröder Kuckuck« war noch nett und nur den vielen »Kuckuck!« rufenden Vögeln in den umliegenden Wäldern geschuldet. Sehr viel unnetter war »Kallmeröder Spatzenfärber«. Mitte des 19. Jahrhunderts überlebten hier Dörfler nur durch Zweit- und Drittbeschäftigung. So fing und züchtete man zum Beispiel Vögel, setzte sie in selbst gefertigte Käfige, und ging als

Vogelhändler mit aufgehucktem Reff voller Käfige zum Markt in die Städte. Die Nachfrage nach piepsenden, zwitschernden, tirilierenden Federbällen war beträchtlich. Und wenn die Nachfrage nach unterhaltsamem Hausgeflügel das Kallmeröder Angebot überstieg, dann behalfen sich die Eichsfelder mit etwas Farbe, um aus Spatzen preisintensivere Buntvögel herzustellen. So ein Spatzenfärber steht nun in Bronze am Anger in Kallmerode.

In Thüringen gibt es Mondspritzer und Schwalbenschisser, Flohplätzer und Buntewürschter. Hier laufen sich manchmal Schmandlecker, Fettguschen, Zwiebeltreter und Striezelwörcher über den Weg. In Eisenach wohnen die Isenacher Töpfeschisser, in Bad Lobenstein die Lommesteener Fässleseecher – wem das jetzt unverständlich ist, der stelle sich ein Fass, ein Spundloch und eine volle Männerblase vor – und in Ruhla und Steinbach die Schneebuller.

Und dann sind da noch die Leute aus Niederroßla, die Kitzelbacher oder auch Elefantenkitzler genannt werden. Hier wurde mal zur Abwechslung nicht den verspotteten Kitzlern ein Denkmal gesetzt, sondern dem Elefanten. Besser gesagt: der Elefantenkuh. So eine war Miss Baba, die mit einer Wandermenagerie durch die Lande tourte.

Die Tour war auch eine Tortour, denn Miss Baba musste alle Strecken laufen und das, ohne einen Blick in die liebliche Landschaft werfen zu können. Sie lief in einem großen, bodenlosen Kasten, abgeschirmt gegen die Blicke der Neugierigen. Die sollten ja Eintritt zahlen, um die Elefantin zu begaffen.

Im Februar 1857 erreichte die tierische Attraktion das thüringische Niederroßla bei Apolda. Die Vorführung war gut besucht. Nachts stand Miss Baba in einer Scheune und roch den Duft von Runkelrüben, drückte eine Trennwand ein und fraß sich mit gefrorenen Rüben voll. Scheunenwand und Rüben mussten freilich von den Menagerieleuten bezahlt werden. Verärgert brachen die das Gastspiel ab und zogen Richtung Buttstädt weiter. Aber in Miss Babas Magen rumorten die Rüben, und zwar so sehr, dass die Elefantendame noch auf Niederroßlaer Gebiet schmerzbrüllend zusammenbrach. Sie lebte noch. Schaulustige sammelten sich johlend an, darunter einige stark angetüterte Mitglieder des örtlichen Gesangsvereins. Die stachelten sich gegenseitig an, die Elefantendame ein bisschen zu malträtieren. Miss Baba war schon ziemlich am Ende. Als sich die Einsicht breitmachte, dass man ein Tier, noch dazu ein so riesiges, das auf Niederroßlaer Gebiet zu verenden drohte, auf Gemeinschaftskosten zu entsorgen habe, versuchten die Sangesbrüder, Miss Baba über die Dorfgrenze zu treiben und »kitzelten« sie dabei zu Tode, noch auf Niederroßlaer Flur. Nachdem Schadenersatzforderungen seitens der Wanderzirkusleute gerichtlich abgewiesen worden waren, breitete sich in Niederroßla Erleichterung aus. Der Elefantenkadaver wurde an interessierte Biologen und Präparatoren verschenkt, und man entschied sich sogar, das Ereignis zum Ortswappen zu machen. Deshalb prangt dort nun eine noch lebendige, weiße Miss Baba auf rotem Grund. Die Wappenträger werden Kitzelbacher genannt und feiern ein Elefantenfest. Aber sparsam, wie sie sind, feiern sie nur alle 25 Jahre einmal. 2007 war das bisher letzte Fest. Der Weg, an dem Miss Baba zu

Tode kam, heißt heute Elefantental. Sie selbst ist Ehrenbürgerin von Niederroßla. Das dürfte allerdings wirklich ein Alleinstellungsmerkmal sein.

Hat der Thüringer Humor? Und wie ist das mit der besseren Hälfte der Einwohnerschaft, also den Thüringerinnen? Wobei, das mit der Hälfte stimmt rein rechnerisch nicht ganz. Es gibt in Thüringen immer noch mehr Weibliches als Männliches. Andersherum formuliert: Es gibt weniger Dämliche als Herrliche, also mehr weibliche Herrlichkeit als männliche, nun, Zurückgebliebenheit. Zu kompliziert?

Ganz langsam, für alle Steinmetze zum Mitmeißeln: Trotz Abwanderung junger, gut ausgebildeter und natürlich immer auch gut aussehender Frauen in den 1990er-Jahren Richtung alte Bundesländer und Österreich und gleichzeitigem Zurückbleiben der geistig und körperlich weniger beweglichen Männer (Männer, das ist eine statistische Durchschnittsrechnung! Tragt's mit Humor!) liegt die Zahl der Thüringerinnen bei circa 1 112 000. Auf der geschlechtlich anderen Seite leben nur etwa 1 077 000 Personen. Die bessere Hälfte ist statistisch also auch stärker. Und das, obwohl regelmäßig unterm Strich mehr Jungs schlüpfen als potenzielle Rosakleidchen-Prinzessinnen. Ein Mysterium? Nein, Statistik, nachzulesen im »Statistischen Jahrbuch Thüringen«, einem gut 600-seitigen Almanach. Für Zahlen-Junkies das Paradies.

So, und wie ist das nun mit dem Humor hierzulande? Haben wir Grund zum Lachen? Oder gar Gründe? Gibt es zu viel oder zu wenig Humor? Ganz allgemein kann man konstatieren: eigentlich ausreichend. Das Thüringer Humorinteresse reicht für uns selbst und zusätzlich für alle Kabarettisten und Humoristen, für Comedians, Komödienschauspieler und die lustigen Poetry-Slammer, Chansonsänger sowie Liedermacher, die hierzubundeslande auftreten. Und das sind nicht wenige. Unser Humorbedarf geht sogar so weit, dass wir Eintritt zahlen, um all die Kasperköppe zu sehen, wie sie hier gern genannt werden, sowohl für die eigenen als auch für die zugereisten. Thüringer lachen gern und geben nicht ungern eine Menge Geld dafür aus.

Dabei sah es jahrhundertelang nicht unbedingt so aus, als säße den Thüringern der Schalk im Nacken. Eher lastete auf ihren Schultern die Sorge um das tägliche Brot. Aber wenn mal ein Spaßmacher hereinschneite, dann lachte man auch gern mit über den Schabernack, der auf Kosten anderer getrieben wurde.

Einer der ersten Besucher in Sachen Humor war der allseits bekannte Eulenspiegel, der sich, wie man in »Ein kurzweiliges Buch von Till Eulenspiegel aus dem Lande Braunschweig« nachlesen kann, im 14. Jahrhundert mit zwei Streichen auch bei der Erfurter Bevölkerung sehr beliebt machte.

Zum einen überschüttete die Volksmenge einen Vertreter der Fleischerzunft mit lauter Schadenfreude. Der Hergang ist schnell erzählt. Eulenspiegel ging über den Markt, vorbei an den Fleischbänken, und besagter Fleischer forderte ihn auf, doch ein Stück Fleisch mitzunehmen. Eulenspiegel ließ sich das nicht zweimal sagen, schnappte sich ein Bratenstück und ging weg. Der Fleischer sprintete hinter ihm her und verlangte Bezahlung, aber Eulenspiegel rief die anderen Marktleute als Zeugen an, dass von Bezahlung keine Rede gewesen sei. Da sich der Fleischer bei seinen Mitbewerbern durch übertriebene Marktschreierei und Kundenabwerbung unbeliebt gemacht hatte, bezeugte man die Sachlage gern. Den anschwellenden Streit nutzte Eulenspiegel, um samt Braten schnell das Weite zu suchen.

Im zweiten Fall freute sich das gemeine Volk darüber, dass auch mal Intellektuelle als *Dummbittel* dastanden, als Dummbeutel. Vorausgegangen war eine Werbezettelaktion Eulenspiegels, der schriftlich behauptete, jedem Lesen und Schreiben beibringen zu können. Einige Professoren der Erfurter Universität sahen die Zeit gekommen, den Narren selbst einmal zum Narren zu halten. Es gebe in der Stadt viele alte und junge Esel in menschlicher Gestalt, denen man das Lesen beibringen könne, dozierte der Erfurter Universitäts-Rektor, aber ob Eulenspiegel auch einen richtigen Esel zum Studium der Bücher pädagogisch anhalten könne? Eulenspiegel bejahte seine Fähigkeiten in Bezug auf das Grautier, verwies allerdings auf die Schwere der Aufgabe und verlangte, dass die Universität finanziell in Vorleistung ging. Und etwas mehr Zeit brauche er auch, meinte Eulenspiegel, bei einer so minderbemittelten Kreatur. Geldstücke wechselten den Besitzer, und der Neubesitzer gab eine Geld-zurück-Garantie im Nichterfolgsfalle. Eulenspiegel legte ein altes Buch in eine Futterkrippe und Hafer zwischen die Seiten des Buches. Bald lernte der Esel, mit dem Maul die Seiten umzublättern, um weiteren eingelegten Hafer zu finden und zu verspeisen.

Da verlangte der Rektor eine Zwischenprüfung der Angelegenheit. Eine Prüfungskommission aus mehreren Professoren musste zusehen, wie der Esel im Buch blätterte, zwischen dessen Seiten Eulenspiegel nichts gelegt hatte. Da schrie der Esel protestierend »Iiii-Aaaaa!« Und

Eulenspiegel sagte: »Seht Ihr, zwei Buchstaben kann er schon.« Wenig später starb der Rektor, und Eulenspiegel nutzte die Chance, mit dem nicht unerheblichen Geldrest zu verschwinden. Beim Gang durch das Stadttor hat er laut der Überlieferung gedacht: Solltest du alle Esel zu Erfurt klug machen, das würde viel Zeit brauchen.

Ein weiterer, weitbekannter Humorbringer, Jean Paul, kam 1796 auf Einladung einer gewissen Charlotte von Kalb nach Weimar. Die Dame sammelte Prominente, mit denen sie sich niveauvoll unterhalten und vielleicht noch etwas mehr unternehmen konnte. *Es wird einem Mann bei einer ganz vernünftigen Frau nie ganz wohl; sondern nur bei einer feinen, fantasierenden, heißen, launenhaften ist er erst zu Hause*, soll er gesagt haben. Ihren Sirenenrufen war schon Schiller gefolgt, der gar nicht erbaut war, als er vom Zuwachs am Weimarer Musenhof erfuhr. Jean Paul (eigentlich: Johann Paul Friedrich Richter) wurde zwar von Herder und Wieland enthusiastisch gefeiert, aber Goethe und Schiller lehnten seine Schriften ab. *Heimlich glauben die meisten, Gott existiere bloß, damit sie erschaffen wurden.* Für beide enthielten Jean Pauls Werke zuviel »U«, und Kunst sei nun mal »E«, sonst sei es keine Kunst. Ja, schon die Klassiker haben diese unsägliche Diskussion um den »U«nterhaltungswert beziehungsweise die »E«rnsthaftigkeit der Kunst fast fanatisch betrieben. (*Es ist beinahe nicht so nötig, zur Religion zu erziehen als zum Heitersein.*) *Wo es am Scherz fehlt, fehlt es im Grunde am Ernst.* Humor steigerte allerdings auch damals die Verkaufszahlen, und als sich Jean Pauls Roman »Hesperus oder 45 Hundposttage« auf den Bestsellerlisten vor den »Werther« schob, war Goethe freilich sauer hoch drei.

Mal ganz ernsthaft: Jean Paul war ein Worteerfinder, der uns Schmutzfink, Wetterfrosch und Angsthase bescherte. Auch so ein mittlerweile skandalumwehtes Wort wie Gänsefüßchen stammt von ihm. Man verleihe ihm einen »E»-Orden!

Die lesehungrigen Damen liebten seine ausufernd dicken Romane, denn der Autor war ein Frauenversteher, der sich sein Wissen nicht nur durch platonisches Betrachten des anderen Geschlechts besorgte. Aber beobachten und die Beobachtungen frech formuliert niederschreiben, das konnte er eben auch sehr gut. *In der Jugend hält man von hinten jede für schön.*

In Thüringen fühlte er sich sehr wohl. Er musste nur die Avancen der Frau von Kalb abwehren – *Lieber drei Bisse als ewiges Totlecken* – und sich Bitterbier aus Bayreuth besorgen, da er das Weimarer zu süßlich fand.

1799 wechselte Jean Paul an den »Kleinen Musenhof« in Hildburghausen. *Freiheit gibt Witz und Witz gibt Freiheit.* Dort langweilte sich die kluge, dauerschwangere Charlotte, Herzogin von Sachsen-Hildburghausen, Schwester von Preußenkönigin Luise und von Königin Friederike von Hannover und von Fürstin Therese von Thurn und Taxis. Allen vier Schwestern widmete Jean Paul seinen Roman »Titan« und hatte seither bei der Hildburghäuser Charlotte einen Stein im Brett. *Bücher sind nur dickere Briefe an Freunde.* Eines von Charlottes zwölf Kindern, Prinzessin Therese, wurde Ehefrau Ludwigs I. und Königin von Bayern. Nach ihr ist die Münchener »Wiesn« benannt, die Theresienwiese, wo das alljährliche Oktober-Sauf-Fress-Übergeb-Großereignis

stattfindet, und diese Therese ist die Oma vom kunst-
verrückten Bayernkönig Ludwig Zwo, der wo im Starn-
berger See... *Wenigstens trägt das schöne Geschlecht in die
leeren Zellen seines Gehirns, zum Ersatz für den verlorenen
Gedanken, den Honigsaft aus den neuesten Magazinen.*

Charlotte von Sachsen-Hildburghausen hatte Humor
und verlieh dem bürgerlichen Jean Paul den Titel eines
Legationsrates. Daraufhin verlobte er sich mit einer Hof-
dame, die den schönen Namen Karoline Feuchter von
Feuchtersleben trug. So etwas kann sich Mario Barth
nicht ausdenken. Es kam nicht zu: *Er heiratete sie, weil er
sie liebte. Sie liebte ihn, weil er sie heiratete.* Als Jean Paul
sich von der Verlobten und Thüringen wieder verabschiedete, hinterließ er allerdings noch einen gemeinen
Satz: *Wurst ist eine Götterspeise. Denn nur Gott weiß, was
drin ist.* Na gut, da lachen wir Thüringer drüber, denn
wir wissen ja, was in unserer göttlich guten Thüringer
Wurst ist. Meistens.

Nun springen wir ans Ende des 19. Jahrhunderts und blicken humorvoll und auch etwas satirisch ins 20. hinein.
Das tun wir gemeinsam mit Joachim Ringelnatz. Der ist
zwar in Wurzen geboren, aber eigentlich in Thüringen
aufgewachsen. Thüringen war das Urlaubsparadies der
Familie Bötticher, deren dritter Spross sich später Ringelnatz nannte. Und Böttichers Vorfahren waren Mühlhäuser Patrizier, bis 1365 zurückzuverfolgen.

1905 schrieb Ringelnatz »Meinem guten Papa zum
Geburtstag« folgende Zeilen:

*... In jene Wonnezeit zurückversetzt,
Die ich als glücklichste noch preise jetzt,*

In Thüringen – wie war's dort schön!
Bei jedem Schritt, in Tal und Höhn.
Dorthin lass die Gedanken lenken,
Nach Gabelbach mit seinen alten Herr'n.
An Tautenburgs Umgebung lass uns denken
(Wir hatten's alle ja so gern)
Und Jenas auch, der trauten Stadt, –
Rostwürstchen auf dem Fuchsturm heiß genossen,
Mit Lichtenhainer süffig hinterdrein begossen.
Und manches andere, das gewesen ist …

Getauft wurde Klein-Ringelnatz als Hans Gustav Bötticher in Frauenprießnitz bei Jena. In einem Eisenacher Mädchenpensionat lernte er die zwei wichtigsten Frauen seines Lebens kennen: seine zeitweilige Verlobte Alma »Maulwurf« Baumgarten, eine Rundliche, die versuchte, mit grabtier-schwarzer Kleidung sich selbst zu verschlanken, und auch seine spätere Frau Leonharda Pieper, genannt »Muschelkalk«. Ringelnatz machte nachts Krach in Eisenach, bekritzelte in einem örtlichen Kaffeehaus nach dem Vorbild Goethes eine Wand, die mittlerweile leider abgerissen ist, und gastierte als Schauspieler mit seinem Theaterstück »Die Flasche« in mehreren Thüringer Orten, unter anderem im Eisenacher Theater. Dort soll der feuerpolizeiliche Abenddienst auf die Auskunft, das Theaterstück dauere drei Stunden, gesagt haben: »Na, Ginder, beeild euch mal ä bisschn, so was sinn mer hier nich gewehnt.«

Ja, Thüringer haben manchmal einen eigenartigen Humor.

Das Ringelnatz-Erbe wird in Thüringen seit vielen Jahren gepflegt. Der Leipziger »Academixer«-Kabarettist

Christian Becher brachte als Regisseur und Dramaturg sein Ringelnatz-Programm Ende der 1980er-Jahre nach Erfurt. Seine Idee: In einer Hafenkneipe treffen bei seesehnsuchtsgeschwängerter Akkordeonmusik fünf Typen aufeinander: eine Hafendirne, Kuttel Daddeldu, ein Makabrer, ein Normalbürger und der Kellner. Alle sprechen dem Alkohol zu und rezitieren Ringelnatz' Gedichte. Ein hinreißender Abend. Lange auf dem Spielplan des Erfurter Kabaretts »Die Arche«. Und aus diesem Programm wuchs ein nachfolgendes: »Jede Laune meiner Wimper ...«, das deutschlandweit in Kabaretts, Kneipen und immer mal vor 300 Zuschauern open-air im »Am-Vieh-Theater zu Beulbar« gespielt wird, ganz in der Nähe von Ringelnatzens Taufkirche.

Politisch-satirische Kabaretts gibt es in Thüringen übrigens einige. Die mit festen Spielstätten präsentieren ihre Programme in Gößnitz, Gera, Jena, Kapellendorf, Weimar und Erfurt und heißen »Die Nörgelsäcke«, »Fettnäppchen«, »Kurz- und Kleinkunstbühne«, »Sinnflut«, »Lachgeschoss« und »Die Arche«. Sie spielen allein in ihren Stammhäusern um die 1500 Vorstellungen pro Jahr. Zusätzlich und regelmäßig ist man mit vielen weiteren Aufführungen in Thüringen unterwegs. Manchmal auch überregional.

Dazu kommen mehrere Bühnen und Bühnchen, wo die Crème des deutschen Kabaretts und der Comedy regelmäßig gastiert. Da kamen und kommen bei Einzelgastspielen von Hildebrandt, Priol, der Dresdener »Herkuleskeule« oder bei Harry Rowohlt jeweils rund tausend, bei Mittermeier, Cindy aus Marzahn & Co nicht selten mehrere tausend Leute zusammen.

Mittlerweile deutschlandweit bekannte Kleinkunst-Festivals finden in Meiningen statt, wo es auch einen begehrten Kabarettpreis gibt, und in Weimar, wo in einem historischen Spiegelzelt Kleinkunst zelebriert wird. Und dazwischen tummeln sich in den Städten und Dörfern Kleinkünstler, Liedermacher, Kabarettisten und Comedians jeglicher Couleur. Dass es das Wort Humor nur in der Einzahl gibt, hat uns Thüringer schon immer geärgert. Auch Heiterkeit, Lachen, Applaus. Sogar Denken – alles nur singulär. Nicht genug plurales Wortmaterial für die Vielzahl von unernsten Aktivitäten. In Thüringen gibt es Humöre, Heiterkeiten und Appläuse.

Und: Man glaubt es in Mainz und Köln und Düsseldorf vielleicht nicht, aber in Thüringen gibt es eine uralte Karnevalstradition. Wenn nicht Luther so ein Spaßverächter und Karnevalsverbieter gewesen wäre, könnten wir schon viel weiter sein. So feiert der traditionsstärkste Verein, der im südthüringischen Wasungen, erst auf seine 500. Saison zu. 326 Karnevalsvereine gibt es in Thüringen. Der Faschingsordensausstoß ist enorm.

Nun ist es langsam genug mit Humor und Satire? Bewahre. Wir haben noch etwas Besonderes, das es ähnlich nur noch in Hannover gibt: ein Karikaturen-Museum in einem barocken Schloss. Unseres steht in Greiz.

Greiz ist geil! Nur der Name des Karikaturenmuseums ist blöd, auf keinen Fall ist er werbewirksam: Staatliche Bücher- und Kupferstichsammlung mit Satiricum Greiz. Das Schloss in dem wunderschönen weitläufigen Park mit den uralten Bäumen ließ sich Fürst Heinrich XI. Reuß ältere Linie einst als Sommersitz bauen. Demzufolge mussten, bevor das Schloss Museum wurde, erst einmal Heizungen eingebaut werden. Seitdem liegt die Sammlung warm und sicher, solange nicht der den Park umfließende Fluss namens Weiße Elster über die Ufer tritt und den Park und den großen Schlosssaal überschwemmt. Das Raumklima war zeitweilig recht feucht.

Die Entwicklungsgeschichte der Greizer Karikaturensammlung ist eine typische DDR-Story. Was im zentralen Berlin unter den Augen der Funktionäre weder funktionierte noch angeraten war, das wuchs in der Provinz fast wild wuchernd vor sich hin. Ab 1975 kam Blatt für Blatt zusammen zur größten Sammlung ostdeutscher Karikaturen, und Plastikaturen sammelten sich auch an. Und das Publikum durfte teilhaben. Alle zwei Jahre fand die Karikaturen-Biennale statt. In Greiz wurde so schallend gelacht, dass es manchmal bis nach Berlin hallte. Wer lacht, sündigt nicht. Das wussten auch die Funktionäre der alleinseligmachenden Partei. Und so durften wir weiterlachen.

Seitdem Deutschland etwas größer geworden ist, trifft sich die Karikaturisten-Truppe alle drei Jahre gesamtdeutsch in Greiz. Und die Blättersammlung ist freilich immens gewachsen und wächst und wächst gesamtdeutsch weiter.

Themen für Karikaturen gehen auch den Thüringer Karikaturisten nicht aus. Irgendwie könnte man auf die Idee kommen, dass all diese Skandale und Skandälchen, die politischen Fehltritte und andere Ereignisse von schweizerisch unterstützter Steuervermeidung bis sozialdemokratisch und christlich-sozial gesteuerter weltweiter Waffenauslieferung nur stattfinden, damit die Karikaturisten etwas zu zeichnen und wir Thüringer (mit) zu lachen haben.

Weimar

Wie oft könnte man den Namen Weimar benutzen, ohne die Klassikerstadt zu meinen? Weimar heißt eine Gemeinde im hessischen Landkreis Marburg-Biedenkopf. Weimar ist eine Stadt in Texas und ein Ortsteil von Ahnatal in Hessen. Am Ende des 18. Jahrhunderts war mit Katharina der Großen eine deutsche Prinzessin zur Alleinherrscherin von Russland geworden – ob unter den Bauern, die ihrem Werben folgten, wohl auch Thüringer waren? In den Annalen wird von Siedlern vor allem aus Bayern, Baden, Hessen, aus der Pfalz und dem Rheinland berichtet, die an der Wolga über hundert Dörfer gründeten, eines nannten sie Neu Weimar, eines Alt Weimar. Menschen heißen Weimar, weil ihre Vorfahren den Namen ihres Herkunftsortes annahmen oder verpasst kriegten. Das halbwegs unabhängige Internetlexikon listet acht irgendwie auflistungswürdige Leute auf, die Weimar heißen, darunter eine deutsche Fußballspielerin, einen hessischen und einen schleswig-holsteinischen Politiker, einen Schweizer Literaturwissenschaftler und eine Mörderin. Sternenguckern ist vielleicht der Asteroid Nummer 3539 aufgefallen, der am 11. April 1967 vom deutschen Astronomen Freimut Börngen an der Thüringer Landessternwarte Tautenburg entdeckt und Weimar benannt wurde. Weimar-Porzellan kommt aus dem thüringischen Blankenhain. Beim VEB Sternradio Sonneberg wurde mal eine Modellreihe von Radios mit dem Namen »Weimar« verkauft. Und wer im 9. Wiener Gemeindebezirk einen guten Kaffee möchte, geht ins Café Weimar.

So, wir zählen zusammen: ungefähr siebzehn Mal Weimar, ohne sich einen Gedanken über Goethe und Schiller machen zu müssen. Vor allem keinen über Goethe.

Warum dieser lange Anlauf, um über die wohl bekannteste Thüringer Stadt zu schreiben? Die Antwort ist: Notwehr. Weimar ist so allgegenwärtig, dass man immer mal wieder Abstand braucht, um sich diesem Glanzpunkt Thüringens wieder unvoreingenommen zu nähern. Es ist auch die Haltung all jener, die nichts mehr hören wollen von dieser Allgegenwärtigkeit. Die darum, von Jubelschreien begleitet, Metallschilder kaufen, auf denen ganz groß (mit einer kleinen Ergänzung) steht

HIER WAR
GOETHE
nie

Und wo kaufen sie dieses Schild, wo ist es der Renner? Im Souvenir-Shop des Goethe-Nationalmuseums am Frauenplan. Ein bisschen Selbstironie haben sie da in

Weimar schon. Aber nur ein bisschen, denn ansonsten ist Goethe die Monstranz, die Weimars Kulturbürger vor sich hertragen. Und der Schilderverkauf kommt ja dem Goethe-Haus zugute.

Geht Weimar ohne Goethe? Was für eine unsinnige Frage. Natürlich nicht. Es kam einem Terroranschlag gleich, als im Sommer 2014 ein mit acht PKWs beladener Transporter fast ungebremst ins Goethe-Schiller-Archiv krachte. Das Archiv beherbergt den Goethe-Nachlass, der laut UNESCO zum kulturellen Gedächtnis der Menschheit gehört. Und das hätte nun ein Auto-Transport-Truck auslöschen können. Doch das Gebäude hielt stand. Im schlimmsten Fall wäre übrigens sehr viel mehr verloren gegangen als Goethes Nachlass. Hier im ältesten Literaturarchiv Deutschlands, dem Zentralarchiv der deutschsprachigen Literatur des 18. und 19. Jahrhunderts, werden weit über hundert Nachlässe von Schriftstellern, Komponisten, Philosophen und bildenden Künstlern, von Verlagen und literarischen Gesellschaften aufbewahrt. In der Totenmaske Nietzsches stecken noch persönliche Barthaare und auf den Tasten seiner Schreibkugel, einer Art Urschreibmaschine, würden Genetiker vielleicht auch noch etwas Material finden. Wenn man sie ranließe. Nur gucken, nicht anfassen! Im ersten Stock, genannt Beletage, finden im Saal des Archivs regelmäßig kleine, sehr interessante Ausstellungen statt. Man kann sich den Ausstellungsobjekten bis auf wenige Zentimeter nähern.

Hier im Archiv liegen handschriftliche Originale von über 3000 Autorinnen und Autoren. Unwiederbringliches wie »Faust« von Goethes Hand und das Manuskript von Schillers unvollendetem »Demetrius«. Nein, Schiller hatte nicht recht mit seinem Satz, der oft aus dem »Demetrius«-Fragment zitiert wird: »Wirf das Vergangene von dir, lass es fahren, ergreife das Gegenwärtige mit ganzem Herzen«. Wer die Vergangenheit wegwirft, vergeht sich an der Gegenwart Weimars und der Welt. Alles ist noch da. Nur der Fahrer des Autotransporters hatte kein Glück im Unglück, er verletzte sich schwer.

Alles ist noch da. Dabei hätten die wichtigsten Exponate auch längst weg sein können aus Weimar. Man hätte das Archiv umbenennen müssen, weil weder von Goethe noch von Schiller etwas dageblieben wäre. Eine Schreckgeschichte in Form einer Räuberpistole? Nein. Einige Äste adeliger Stammbäume wuchsen nach 1990 wieder nach Thüringen hinein, um ihren früheren Besitz zurückzuverlangen. Das Fürstenhaus derer von Sachsen-Weimar und Eisenach hatte 1946 den Nachlass von Goethe und Schiller zwar an das Land Thüringen abgetreten, und das war, so die Sicht des »Thüringer Landesamtes zur Regelung offener Vermögensfragen« durchaus auch freiwillig geschehen, aber dann kam er: Prinz Michael von und zu Sachsen-Weimar-Eisenach, mit vollständigem Namen Michael-Benedikt Georg Jobst Karl Alexander Bernhard Claus Frederick Prinz von Sachsen-Weimar-Eisenach Herzog zu Sachsen, Oberhaupt des Hauses Sachsen-Weimar und zugleich der Senior des Gesamthauses Wettin.

Und dieser Michael-Benedikt Georg Jobst, nein, nicht noch einmal alles von vorn, dieser Prinz Michael also sorgte dafür, dass doch alles von vorn bearbeitet wurde. Er forderte das vollständige bewegliche Ex-Hab und Ex-Gut zurück. Das war dann wohl der Punkt, an dem alle an ihrer eigenen Geschichte interessierten Thüringer endgültig mit dieser Art Hoheiten abschlossen. Man hätte die Sache vor Gericht ausfechten können, aber für Thüringen stand zu viel auf dem Spiel. Wie geht der Spruch? Vor Gericht und auf hoher See ist man in Gottes Hand. Man, also der damals CDU-geführte Freistaat Thüringen, wollte sich weder auf Gott noch auf das Verwaltungsgericht verlassen und einigte sich ohne Beihilfe der Justiz. Das, was einem schon gehörte, wurde noch einmal gekauft, damit man es behalten durfte. Man hatte ja diese Räuberpistole auf der Brust.

Aber man denke sich einmal Weimar ohne Schiller – nun gut, das wäre vielleicht noch ein denkbarer Gedanke. Aber Weimar ohne Goethe? Völlig unmöglich! Absurd! Undenkbar. So löste man das Problem, indem man die ersten zwei Silben von »undenkbar« strich und sich auf die letzte Wortsilbe einigte. Die Zeitungen schrieben, es sei eine gütliche Einigung gewesen. Wenn man 15,5 Millionen als gütlich betrachtet und als »symbolischen Preis«, nun, dann mag man den Zeitungen recht geben. Jedenfalls freute sich ein sächsischer Adelsmann über ein paar Thüringer Milliönchen.

Beschwerden jeglicher Art wollte Prinz Michael-Benedikt-Undsoweiter jedoch nicht gelten lassen. Wir Thüringer seien undankbar, meinte er. Schließlich hätten seine Vorfahren Kunst und Kultur gefördert. Die künstlerfreundliche Atmosphäre am Weimarer Hof habe Goethes freie Entfaltung erst ermöglicht.

Zwei Bemerkungen seien dazu erlaubt: Zum einen waren die Künstler in diesen damaligen medienlosen Zeiten so etwas wie das Unterhaltungsfernsehen der Adeligen. Und allein für den exklusiven Einsatz Goethes am Weimarer Hof war die damalige GEZ – Goethes Entgelt-Zahlung – geradezu lächerlich. Von Schiller ganz zu schweigen. Zum Zweiten schaue man nur einmal in Goethes Lebenslauf, genau auf den Herbst des Jahres 1786. Damals hat sich der Geheimrat Goethe heimlich und unerlaubt aus den Diensten des Herzogs entfernt, um frei zu sein von seiner Knechtschaft im Geheimen Consilium. Es gibt eine 1386-seitige Dokumentation, in der über 20 000 aktenkundige Angelegenheiten akribisch gesammelt sind, die innerhalb von zehn Jahren durch Goethes Hand und Kopf gingen, bevor er die Reißleine zog. Motto: Ich bin dann mal weg, weg von den »Scheiskerlen, die überall sizzen«. Die Flucht vom Hof machte ihn wieder zum Dichter. Dabei halfen weder weimarische Sachsen-Herzöge noch gutwillige Fürstinnen und Frauen von Stein. Was Goethe wieder auf den richtigen Weg brachte, das waren die italienischen Genüsse vielerlei Art.

Undankbar, dieser Goethe.

Geht Weimar ohne Goethe? Warum immer wieder diese Frage? Ist denn wirklich überall, wo man hier hingeht, der Geheimrat schon da gewesen? Nein. Er war nie in Weimar-West, wo viele der Menschen wohnten, die im Weimarwerk Landmaschinen bauten oder im Uhrenwerk die Rädchen ins Getriebe setzten. Er hat nie einen Blick auf den Häuserblock in der Heldrunger Straße geworfen, der, obwohl ein Plattenbau, unter Denkmalschutz steht. Wolfgang war nie bei den in wilder Ehe lebenden Carolyne zu Sayn-Wittgenstein und Franz Liszt in der »Altenburg« zu Gast. Und hat sich auch nicht die Uraufführung von »Lohengrin« angesehen, die Oper des damals steckbrieflich gesuchten Dresdner Kapellmeisters

Richard Wagner, die, dirigiert von Liszt, 1850 am Hoftheater im Weimar uraufgeführt wurde. War Goethe
dabei, als sich »Hänsel und Gretel« erstmals im Wald der
Humperdinck-Märchenoper verliefen? Wie war seine
Meinung zum Uraufführungs-Dirigenten Richard
Strauss? Hörte Goethe Jazz im »C. Keller« am Markt,
oder trank er ein Helles zu Rock im »Kasseturm«? Hat
er auch nur einen Blick in die Lehrräume und Werkstätten von Walter Gropius geworfen, hat er mit Johannes
Itten über dessen Farbkreis diskutiert, ist er mit Lyonel
Feininger quer durchs Weimarer Land geradelt, hat er
Klee, Kandinsky und Schlemmer zu einem genreüber-
greifenden Disput eingeladen? Aß Johann Wolfgang von
Goethe jemals einen Teller Suppe im temporären Restaurant »Lückenfüller«, das Studenten der Bauhaus-Universität aus Recycling-Material bauten und über den ge-
samten Sommer 2014 mit eigenen Kochkünsten
erfolgreich betrieben? Hat er bei Henry van de Velde
vorbeigeschaut? Schleckerte er ein Stück Torte aus Kori-
ats Kuchenmanufaktur am August-Fröhlich-Platz?
Wusste er schon etwas von Dr. phil. Hermann Ludwig
Wilhelm Graf Vitzthum von Eckstädt, dem absoluten
Weltoberspezialisten der Milbenforschung, der im Haus
Helmholtzstraße 15 wohnte? Hat sich Wolfgang mutig
vom Zehner ins Becken des Schwanseebades gestürzt?

Nein – hat er nicht!

Ging ja alles nicht, fand ja alles nach Goethe statt. Der
Unsterbliche hatte eine begrenzte Lebenszeit. Aber mit
ihm starb ja nicht die Stadt, nein. Es gibt heute noch
Leute, die allen Ernstes behaupten, mit Goethes Tod sei
alles vorbei gewesen. Was für eine unsinnige Art von
Scheuklappendenken. Wie gefühllos. Das sind Leute aus

der Riege derer, die die spätere Frau Goethe, geborene Vulpius, nie akzeptierten, sie gesellschaftlich schnitten und zeitweilig mit dem uneinsichtigen Goethe zusammen vor die Stadt verbannten. Der Genius muss rein sein. Körpersäfte dürfen ihn nicht besudeln. Dass er glücklich und seine Seele in Schwingung versetzt war, dass sein »Bettschatz« Christiane ihm den Geist anregte, darüber redet man in diesen Kreisen nicht.

Der Autor empfiehlt allen, die wissen wollen, wie sehr Goethe diese Frau geliebt hat, einen Besuch des Jakobsfriedhofs. Dort ist Christianes Grab mit der von Goethe gedichteten Grabinschrift leicht zu finden. Gleich neben der Kirche, in der die beiden geheiratet haben. Auf dem Grab liegen oft Blumen.

Goethe ist der Fixstern des »Kosmos Weimar«, wobei allerdings kein Sonnensystem aus nur einem Stern besteht. Das »Goldene Zeitalter« der Klassik scheint bis heute und wirft täglich Scheine ab. Die Touristen zahlen die Tantiemen. Das »Silberne Zeitalter« sorgt für weitere Silberlinge in den Kassen der Stadt, der Hotels, der Gaststätten, des großen Theaters und der kleinen Kunststätten. Aber diese Stadt ist Platin, die ist heutig, bei aller Liebe zu den goldenen und silbernen vergangenen Zeiten. Quirlig, kreativ, immer neu. Hier gibt es an manchen Tagen mehr Veranstaltungen als in Städten vergleichbarer Größe in einem ganzen Monat. Hierher ziehen gut betuchte Senioren, die die letzten Jahre ihres Lebens umgeben von Schönheit, inmitten von Kunst und Kultur verbringen möchten. Aber hier leben auch Leute, die zeit ihres Lebens in kein einziges Museum gehen, und das, obwohl sie hier von Museen umzingelt sind. Weimar ist Deutschlands Museumshauptstadt. Nirgendwo gibt es pro Kopf mehr institutionalisierte Erinnerung auf so engem Raum. Der Autor möchte wetten, dass manche Studentin, mancher Student gern auf die Ausbildungsjahre an der Musikhochschule »Franz Liszt« oder an der Bauhaus-Universität zurückblickt, weil es eine vollgefüllte schöne Zeit war. Aber Scharen von Diplomanten, von Bachelors und Masters verließen Weimar, ohne Goethe je gehuldigt zu haben.

Man lasse sie gehen. Selber schuld! Was haben sie nicht alles verpasst. Wunderbare Informationen über den, der wie ein Kanarienvogel gekleidet nach Weimar kam (blauer Frack, gelbe Hosen, Stulpenstiefel), über den Freimauer, den Illuminaten, den FKK-Anhänger Goethe, den Jungspund, der mit dem anderen Halbstarken, dem Carl-August, rüde durch Weimar randalierte (Zeuge Johann Heinrich Voß: »In Weimar geht es erschrecklich zu, der Herzog läuft mit Goethen wie ein wilder Pursche in den Dörfern rum, er besäuft sich und genießet brüderlich einerlei Mädchen mit ihm«), der so geschäftstüchtig war, dass Ludwig Börne spottete, er werde noch seine »Windeln spannenweise verkaufen. Pfui!«, der einen produktiven Wortschatz von rund 90 000 Wörtern hatte (eine Normalbürgerin kann durchaus schon mit 3000 auskommen, eine männliche Ausgabe mit noch weniger), der sich mit 71 Jahren noch einmal unsterblich verliebte, so anhaltend tief, dass er seinen Landesherrn zwei Jahre später bat, für ihn um die Hand der 19-jährigen Ulrike von Levetzow anzuhalten (die dann jedoch ablehnte), der in vier Wochen den »Werther« schrieb, aber 59 Jahre brauchte, um alle Wörter im »Faust« an die richtigen Stellen zu setzen, und der ganz fürchterlich viel trinken konnte, vor allem gute Rheinweine …

Der Autor muss etwas beichten. Es gibt Momente, da fühlt er, der gebürtige Erfurter, sich in Weimar so wohl, dass er verweilen möchte, weil es in Weimar so schön ist. Wenn man mit Blick auf das älteste Kaffeehaus Weimars sitzt, das »Resi«, in dem schon Marlene Dietrich ihren Kaffee schlürfte und ihrem Geigenlehrer an den Lippen hing – schön. Man muss nicht zu den »Residenzen-Existenzen« gehören, es reicht, wenn man rüberschaut. Oder wenn man auf der Balkonterrasse der »Villa Haar« steht, mit Blick in das Grün des Ilmparks, nach einem absolvierten Kabarettauftritt, vielleicht einem amüsanten Thüringer Historien-Surfkurs – schön. Wenn man im Schlosshof der Ettersburg auf dem Rasen saß, einem Konzert der »STÜBAphilharmonie« – diesmal leider ohne Clueso – zugehört hat, und dann als Erster bei einem Kaffee mit Blick auf den Pücklerschlag sitzt – schön. Kürbissuppe im »Gretchens« in der Seifengasse – schön. Zehn Jahre nach der Premiere des eigens für das »Theater im Gewölbe« verfassten kleinen Theaterstückchens über Schillers Liebesleben wieder im Stückchen sitzen und sich sagen: Hey, immer noch schön! Eine Ankündigung vom Modetheater »gnadenlos schick« lesen, zur Kenntnis nehmen, dass schon wieder alles ausverkauft ist, sich dann eben auf die nächste Gelegenheit freuen – schön. Sich das Goethe-Schiller-Denkmal vor dem Theater ansehen, aber von hinten, wo man sich Gedanken darüber machen kann, wieso da zwischen den Klassikerbeinen dieser Baumstumpf herumsteht, ein versteckter Protest des Bildhauers Rietschel aus der sächsischen Pfefferkuchenstadt Pulsnitz, dass Literatur so viele Bäume das Leben gekostet hat, vielleicht, dann eine Bratwurst – schön.

Weimars Bauhaus- und Klassik-Stätten stehen auf der »Welterbe«-Liste der UNESCO. Darunter die Herzogin-Anna-Amalia-Bibliothek, in deren abgebrannten und glanzvoll wiedererstandenen Rokoko-Saal maximal 290 Besucher pro Tag hineindürfen. Außer Montag, da ist zu. Ganz einfach – schön. Montag haben dafür andere Museen auf, das Liszthaus in der Marienstraße zum Beispiel oder das Druckgrafische Museum »Pavillonpresse« gleich um die Ecke vom ersten Weimarer Brunnen mit Extra-Hundebrunnen. Echt schön!

Man kann gar nicht alles aufzählen, was einem in Weimar auffällt. Wie bitte? Die Stadt war 1993 pleite, bankrott, die erste deutsche Stadt, in der ein externer Controller eingesetzt wurde, um die Stadtkasse zu retten? Staatliche Aufsicht drohte? Und sechs Jahre später war Weimar die bunt-lebendige Kulturhauptstadt Europas? Schön!

Es reicht eigentlich schon ein einziger Grund, um nach Weimar zu kommen. Man wird jedoch unzählig viele finden, um dort zu bleiben oder immer wiederzukommen. Wer weiß, was der Autor morgen für Gründe finden wird.

Übrigens: Schon einmal eine Weimarer Forelle gegessen? Frisch aus dem Kirschbachtal …

Na, schön!?

Lassen wir dem Geheimrat die letzten Worte in diesem Kapitel. Wie sagte er zu seinem akribischen Lebensnotierer Eckermann?

»Wo finden Sie auf einem so engen Fleck noch so viel Gutes! Auch besitzen wir eine ausgesuchte Bibliothek und ein Theater, was den besten anderer deutscher Städte in den Hauptsachen keineswegs nachsteht. Ich wiederhole daher: bleiben Sie bei uns, und nicht bloß diesen Winter, wählen Sie Weimar zu Ihrem Wohnort. Es gehen von dort die Tore und Straßen nach allen Enden der Welt. Im Sommer machen Sie Reisen und sehen nach und nach, was Sie zu sehen wünschen. Ich bin seit fünfzig Jahren dort, und wo bin ich nicht überall gewesen! – Aber ich bin immer gerne nach Weimar zurückgekehrt.«

Die düstere Seite

Das Land der Dichter und Denker, so wird Thüringen gern genannt. Und das ist auch gut so. Es stimmt ja, wenn es auch nur einen Teil dessen umschreibt, was durch menschlichen Geist, durch Kreativität und Ideenreichtum in Thüringen entstand. Aber genauso stimmt, dass Thüringen für zwei Jahrzehnte ein Land der Richter und Henker war, und auch das Land der kleinen Lichter und Banker. Aus unterschiedlichsten Schichten der Gesellschaft, bevorzugt jedoch aus der Mittelschicht rief es »Heil!«, und alles vermischte sich zu einer unheilvollen Macht.

Selbst wenn man die Sache von hinten betrachtet, also aus der Gegenwart weit zurück in die Vergangenheit, erklärt sich nicht alles. Nicht jedes »Warum?« kann endgültig beantwortet werden. Waren wir Thüringer schon immer gefährdet, liefen wir, die mittig Geprägten, gern falschen Propheten hinterher? Sind die Mittigen leichte Beute für populistische Extremisten?

Es gab in den Jahrhunderten seit dem Untergang des Thüringer Königreiches Ausschläge, durchaus, aber nie die ganz schlimmen. Manchmal lösten sich Streits in Luft auf, weil ein Interessenausgleich erreicht wurde, oder man hielt eben einfach die Klappe und versuchte sich vom Weltgetriebe fernzuhalten. Wir hatten auch nie genug Fürsten, vor allem kaum wichtige, um die vielen Kreuz- und Kriegszüge mit führenden Helden zu beliefern.

Die Erfahrungen der meisten Thüringer sind Untertanenerfahrungen, eingeschlossen die wenigen, aber öffentlichkeitswirksamen Brenn-Events. Wir haben gern zugeguckt, wenn was verbrannt wurde. Ob es zur Verbrennung der Eitelkeiten kam, wie 1452, als der Bußprediger Johannes Capistranus wider alles Spielen predigte und haufenweise Spielutensilien verbrennen ließ. Da sollen in Erfurt 60 000 zugeguckt haben, wie die Flammen die Spielbretter fraßen und die Würfel, von denen die Augen des Teufels blickten, ins Feuer fielen. Und danach haben wir schnell neue Spielbretter und Würfel geschnitzt und weitergespielt.

Oder als Ketzer und Hexen brannten. Endlich war mal was los, und es war gottgefällig. Wer mit dem Teufel zugange war, der sollte auch im Höllenfeuer enden. Aber vorher wollte man noch sehen, dass das unchristliche Böse wirklich verfeuert wurde. Wobei wir in Thüringen nicht gar so viele Ketzer und Hexen den Feuertod sterben ließen, weil wir nicht so viele Mitmenschen bezichtigten, Teufelsbündler zu sein. Unsere Denunziationswut hielt sich in mittigen Grenzen. In Mainz und Köln und Fulda beispielsweise wurden zehnmal mehr Hexen verbrannt als in Erfurt.

Oder als nach der Reformation die Erfurter Katholiken zu Fronleichnam durch das Stadtzentrum ziehen wollten, was gab es da anfangs für ein protestantisches Protestgeschrei. Aber als einige Katholiken Ende des 18. Jahrhunderts meinten, ihre eigene Prozession abschaffen zu müssen, da erscholl abermals das protestantische Geschrei, weil sich die Händler so an den hohen Umsatz der Fronleichnamsbesucher gewöhnt hatten. Interessenausgleich ...

Unsere Thüringer Studenten haben Bücher verbrannt, schon lange vor 1933. Aber sie waren nur Glieder in einer langen Kette von Schriftenvernichtern. Auf der Wartburg warfen bereits 1817 die Burschenschaftler, angeführt vom Führer des radikalen Flügels der Studentenbewegung, dem sogenannten Turnvater Friedrich Ludwig Jahn, nicht nur militaristische Symbole in die Flammen – Prügelstöcke, Uniformen und Soldatenzöpfe –, sondern eben auch Bücher, angeblich antideutsche Schriften wie die des frechen Dichters August von Kotzebue. Dieses Wartburgfeuer trug der Jenenser Student Karl Ludwig Sand in seinem Herzen und zu Fuß bis Mannheim, wo er den verhassten Kotzebue erdolchte, dessen Satiren der Student nicht als Satiren verstand. Dazu reichte Sands deutscher Nationalverstand nicht aus. Heinrich Heines Zitat aus seiner Tragödie »Almansor«, gar nicht auf Wartburgfest und Sand gemünzt, liest sich trotzdem wie ein zeitgenössischer Kommentar: »Das war ein Vorspiel nur, dort wo man Bücher verbrennt, verbrennt man auch am Ende Menschen.«

Wie widersprüchlich das in Thüringen dann in den 1920er- und 1930er-Jahren ablief, sieht man, wenn man sich die Orte der Bücherfeuer ansieht. In Goethes und

Schillers Stadt Weimar traute sich niemand, einen Scheiterhaufen für welche Literatur auch immer zu errichten. Das erledigte man in umliegenden Dörfern wie Niedergrunstedt.

Und dann wurden wieder Menschen gepeinigt, getötet und verbrannt. Ein wichtiger Teil der faschistischen Vernichtungsmaschinerie befand sich auf dem Ettersberg, das KZ Buchenwald, mit Blick auf die Stadt der Dichter und Denker.

Wie konnte es dazu kommen? Lag uns das Germanisch-Brutale in den Genen, auf die immer wieder gern jegliches menschliches Fehlverhalten geschoben wird?

Allen Thüringern ins Stammbuch: Die Gene waren es nicht. Wir wissen es mittlerweile genau, wenn wir es wissen wollen. Langsam muss auch der kahlste Kopf, muss auch das braunste Hirn zur Kenntnis nehmen, dass die wenigsten Deutschen germanisch sind. Fast die Hälfte hat überwiegend keltische Herkunfts-Gene, die andere Hälfte halbiert sich wiederum und stammt hauptsächlich von Slawen und anderen osteuropäischen Vormenschen ab oder ist eben germanischen Ursprungs. Also nur ein Viertel der deutschen Gesamtbevölkerung. Und um auch die Genderdiskussion ein klein wenig anzukurbeln: Die Genetiker haben bei uns heutigen Deutschen herausgefunden, dass die Germanengene zu über 90 Prozent mütterlicherseits weitergetragen wurden. Der Germanne scheint immer anderweitig beschäftigt gewesen zu sein. Das kann man fast wörtlich nehmen, anderweitig, denn als die Bevölkerung Polens und Tschechiens untersucht wurde, stellte man erstaunt fest, dass im dortigen Genpool mehr Germanisches als Slawisches paddelt. Die früher dort siedelnden Ostgermanen sind also nicht größtenteils bei der großen Völkerwanderung ausgewandert, sondern haben sich angepasst, haben sich slawisieren lassen und sogar ihre Sprache vergessen. Wo bleibt denn da die deutsche Leitkultur?

Übrigens hat nach einer Schweizer Studie jeder zehnte Deutsche jüdische Vorfahren. Die Gene waren es also nicht.

Und es hatte nach dem ersten großen Krieg doch so hoffnungsvoll begonnen. Warum waren denn die Volksvertreter aus Berlin nach Weimar gezogen, um ein neues Deutschland aus der Taufe zu heben? Weil es hier ruhig zuging und weil man hier in eine Gegend kam, die sich schon zu Fürstenzeiten durch Toleranz und Liberalität auszeichnete. Das Oberhaupt des kleinen Sachsen-Weimar-Eisenach unterschrieb am 5. Mai 1816 die erste Verfassung eines deutschen Staates. Eine Großtat.

Und nun sollte wieder Großes geschehen. Aus den vielen deutschen Staaten und Kleinstaaten sollte etwas Neues entstehen. Deutschland suchte sich und Thüringen suchte mit. Wie aber sollte alles werden, ohne kaiserliche Anordnungen, ohne Adelsmacht? Die Volksvertreter, die 1919 nach Weimar kamen, um eine neue Verfassung auszuarbeiten, waren erstmals demokratisch gewählt. Sogar Frauen durften endlich wählen. Das Wahlalter war von 25 auf 20 Jahre gesenkt worden. Aufbruchstimmung nach dem Zusammenbruch eines alten Systems. Alles musste neu gedacht werden, aber nicht alle wollten da mit. Das Beharrungsvermögen der Menschen ist groß. Und so standen sich von Anfang an Veränderungswille und Gewohnheitsrecht gegenüber. Der Umbruch setzte gewaltige Kräfte frei, aber die alten Kräfte wollten nicht so einfach weichen.

Nehmen wir nur ein Beispiel: die deutsche Literatur der 1920er-Jahre. Bedeutende Werke der Weltliteratur entstanden in dieser Zeit. In Thüringen war zwar, wie es ein Zeitgenosse formulierte, die Zeit der Musen vorbei und die Zeit der Museen angebrochen. Aber wenn auch die Zeit der großen Literaturproduzenten in Thüringen vorbei schien, es begann die hoffnungsvolle Zeit der Literaturkonsumenten. Das wollten doch schon die Weimarer Klassiker: Menschen mittels Kunst zu besseren Menschen erziehen. Doch was wurde nun gelesen? Natürlich Remarques »Im Westen nichts Neues«, Hesses »Steppenwolf«, die Bücher von Heinrich Mann und Thomas Mann, der 1929 in den Nobel-Olymp gewählt wurde, Kästner, Tucholsky, Ringelnatz. Freilich auch ausländische Autoren, besonders Jack London, Knut Hamsun, John Galsworthy. Aber jetzt das große Aber: Viel höhere Auflagen erzielten Ernst Jünger und andere nationalistische Kriegsliteraten. Ganghofer ging gut. Und Karl May lag in der Lesergunst weit vor Karl Marx. Die deutsche Seele blickte sehnsüchtig in ferne Länder. Damals begann auch mit Edgar Wallace die Krimi-Lesewut der Deutschen. Wer jedoch führte mit großem Abstand die Bestsellerlisten vor allen anderen an?

Es waren die immer wiederkehrenden Geschichten, in denen die Liebe eines Mädchens aus der Unterschicht allen Intrigen trotzt und letztendlich den Mann aus der Oberschicht für sich gewinnt. Die meisten Bücher verkaufte in den 1920er-Jahren die uneheliche Tochter einer Marketenderin und eines Saaleschiffers aus Nebra. Dort, wo die Himmelsscheibe, der Beweis früher menschlicher Intelligenz, damals noch unentdeckt im Boden steckte, direkt an der Thüringer Grenze, dort wurde sie geboren: Hedwig Courths-Mahler. Das Seelchen des Literaturbetriebs. Die unangefochtene Nummer eins.

Die Weimarer Republik – was für ein Name! Da klangen Goethe mit und Schiller, Herder und all die Weimarer Künstler, die stürmisch und drängend, dann sehr ernsthaft und gesetzt von Thüringen aus die gemeinsame Basis für ein einiges großes Land geschaffen hatten, ein Nationalbewusstsein, geboren aus dem Geist der Künste, über alle innerdeutschen Grenzen hinweg. Und was passierte in der Stadt, die der ersten deutschen Republik den Namen gab? Es ereignete sich der Kampf der Künste als Kulturkampf.

Weimar, der übersichtliche Kosmos, gab eine Art Versuchsanordnung ab, wobei von Ordnung keine Rede sein konnte. Weimar wurde zum Schauplatz eines unversöhnlichen Kampfes der Freigeister um Harry Graf Kessler gegen die Völkisch-Nationalen um Adolf Bartels. Kessler gegen Bartels: frei denkender europäischer Weltbürger, der die Bauhaus-Zeit in Weimar einläutete, versus antisemitischer Heimatkünstler. Wir wissen, wer vom Platz ging, ungeschlagen zwar, aber der Übermacht weichend. Mitte der 1920er-Jahre flohen die Bauhaus-Leute nach Dessau.

An Harry Graf Kessler erinnert sich das offizielle Thüringen gern. Wer aber war der andere, dessen Einfluss so groß war, dass ihn die Nazis schon 1933 mit Ehrensold, Ehrenbürgerschaft und Partei-Orden überhäuften? Adolf Bartels wurde an der Nordsee geboren, in Wesselburen, wo auch Hebbel herstammt. Schulabbrecher aus Geldnot, anerkannter Kultur-Journalist, wenig erfolgreicher Stückeschreiber, ab 1896 freischaffend in Weimar. Um die Jahrhundertwende schrieb er die »Geschichte der deutschen Literatur«. Er hätte das Buch auch »Mein Literatur-Kampf« nennen können, denn Bartels kämpfte für eine »reinliche Scheidung zwischen Deutschen und Juden«, prangerte aus seiner Sicht dekadente Literatur an und lobte die »gesunden Talente«. Über 9000 deutsche Autoren und ihre Werke klassifizierte Adolf Bartels in den Folgejahren auf diese Weise und sorgte für eine feste Gedankenverknüpfung von Nationalismus und Antisemitismus.

In zwei Thüringer Gliedstaaten der neuen deutschen Republik gab es die ersten heimlichen Versuche, dem staatenlosen Adolf Hitler zu einem deutschen Pass zu verhelfen. Erst der siebente Versuch gelang – allerdings in Braunschweig. Was für eine Farbmetaphorik.

Und die Weimarer Kulturbürger, was sagten die? Holten sie ihren Goethe heraus, zitierten sie protestierend Schiller? Nein, sie jubelten den zwei Adolfen zu, erst dem einen, dann dem anderen, der unseligen Seilschaft, der Verknüpfung von Ungeist und Macht. Die Kulturbürger waren in der überwiegenden Zahl Mittelschichtler, viele Beamte. Verwaltungsaufgaben beschäftigten fast die Hälfte aller Weimarer Berufstätigen. Das waren die, die durch Wirtschaftskrise und Inflation in den gar nicht »Goldenen Zwanzigerjahren« viel Vermögen verloren hatten und durch Arbeiteraufstände mehr als verunsichert waren. Die waren auf die Republik nicht gut zu sprechen, suchten Halt und gute Aussichten auf neues Geld. Und sie fanden Adolf Hitler.

Der fand seinerseits Weimar einfach klasse. Selbst nicht unbedingt klassisch gebildet, konnte er sich im Weimarer Klassikerschein sonnen und Stück für Stück, Besuch für Besuch die verhasste Weimarer Republik vergessen machen. Eine propagandistische Meisterleistung. Wie lieb der Adolf doch war, streichelte kleine Thüringer Kinderköpfe. Auch eine Form von Gehirnwäsche.

Weimar war vielleicht nicht Stadt der Bewegung, aber hier bewegte die NSDAP einiges. Hier wurde die Hitlerjugend gegründet. Als die Thüringer bei der Landtagswahl 1929 für ein politisches Patt gesorgt hatten, verhandelte Hitler persönlich mit den bürgerlichen Parteien und sorgte für die ersten Nazi-Minister in einer deutschen Landesregierung. Es würde ja alles nicht so schlimm werden, glaubten viele Thüringer. Es wäre ein vorübergehender Spuk. Doch der Neu-Innenminister Frick spuckte allen in die Glaubensuppe, entließ kommunistische Bürgermeister und Lehrer, tarnte die Entlassung sozialdemokratischer Beamter als Personalabbau und stellte vor allem Nazis in die neue Landespolizei ein. Die Nazis schaffen es sogar, mithilfe der »Deutschen Christen« die evangelische Kirche in Thüringen und Deutschland zu spalten. Auch Christen durften nun Rassisten, Antisemiten und führergläubig sein.

Hitler liebte Weimar, rund vierzig Mal kam er hierher und ließ sich feiern. Die Stadt wurde für ihn umgebaut. Die Wunden sind heute noch groß. Man sagt immer, ein Gebäude könne nichts dafür, was in ihm gemacht würde, aber es war über viele Jahre schier unmöglich, mit dem Gauforum oder der Villa des Gau-Leiters Fritz Sauckel oder dem Haus, in dem das »Landesamt für Rassewesen« residierte, wieder humane Assoziationen zu verbinden.

Und heute? Man sitzt vielleicht so vor sich hin, und man sucht vielleicht gar nichts, außer etwas Sonne und einer Tasse Kaffee. Man lässt die Seele baumeln auf der

Terrasse des Schlosses Ettersburg, blickt hinunter ins Grün, wo der Gartenfürst Pückler einst mutig die Axt anlegen ließ, sodass dieser berühmte Weg, Pücklerschlag genannt, nun freiliegt. Der Weg führt zum »Stern«, einer Wegekreuzung, und von dort aus zum KZ Buchenwald. Es ist die Verbindung, die man immer wieder denken muss, die vom Schloss – wo Goethe Theater spielte, Schiller »Maria Stuart« fertig schrieb, wo Andersen und Musäus Märchen erzählten, Liszt Klavier spielte, wo Philosophen mit fürstlichen Oberhäuptern diskutierten – vom Schloss also durch die liebliche Thüringer Landschaft direkt ins Grauen führt. Eine Zeitschneise wurde angelegt, dorthin, wo deutsche Ingenieure im Auftrag der mittelständischen Firma »Topf & Söhne« aus Erfurt die Verbrennungsöfen im KZ Buchenwald aufgebaut haben. Das Firmenlogo prangt stolz an der deutschen Wertarbeit, mit der Tausende verbrannt wurden: Hitlergegner, Sozialdemokraten, Kommunisten, Christen, Juden, Zeugen Jehovas, Homosexuelle, Kriegsgefangene. Rücksichtslos degradiert zu Menschenmaterial, zu billigen Arbeitskräften für die Rüstungsindustrie. Wer keinen Nutzen mehr brachte, wurde getötet. Buchenwald war ein Vernichtungslager.

Sorgsam Profit und Moral voneinander trennend, grüßten die Firmeninhaber von »Topf & Söhne« in ihren Geschäftsbriefen »… stets gern für Sie beschäftigt«. Es klingt so freundlich unternehmerisch. Man kann es am Firmensitz, dem heutigen Erinnerungsort »Topf & Söhne« in Erfurt, außen an der Hausfassade lesen. Und man sollte hineingehen, wenn man sich erinnern und eine Erklärung haben will.

Unruhe unter Wurzeln

Thüringen ist steinalt. Und steinreich. Um das etwas genauer auszuführen, begeben wir uns zunächst nach Saalfeld, an den Rand des Thüringer Schiefergebirges, um dort eine der schönsten Höhlen der Welt zu besuchen. Eigentlich sind es mehrere Höhlen, sogar auf drei Etagen, bergmännisch sagt man Sohlen dazu, bei denen es sich laut Guiness-Rekord-Buch um »die farbenreichsten Schaugrotten der Welt« handelt. Es herrscht reger Besucherverkehr. Wer hüpft da vor uns Besuchern her? Ist es die Schutzheilige der Bergleute, die heilige Barbara? Nein, Barbara hatte keine Spitzohren, und Flügel hatte sie auch nicht. Das ist eine Fee, natürlich, wir sind ja in den »Feengrotten«.

Tief unter der Erde, in Thüringens Höhlen, ist es trotz vieler Touristengruppen manchmal so still, dass man die berühmte Stecknadel hören könnte, wenn jemand sie fallen ließe. Zwar sind die Münder geöffnet, jedoch vor Staunen. Sekunden der andächtigen Ruhe, dann Umschlag in lautes »Ah! und »Oh!«. Aber da geht es den Leuten heute wie damals den Ersterblickern. Märchenhaft schön ist es hier unten, sobald in Form von Taschenlampen oder Fackeln etwas Licht ins Dunkel des Berges gebracht wird.

Am 22. Dezember 1913 wurde die dritte Sohle mit dem Märchendom und dem berühmten Tropfstein entdeckt. Solche Schönheit musste man einfach öffentlich zugänglich machen, und etwas Eintrittsgeld konnte man auch einplanen. Den werbewirksamen Namen »Feengrotten« hat sich damals ein Geologe ausgedacht, ein gewisser Herr von Wichdorff. Manchmal geben eben auch der unlyrischen Sachlichkeit verpflichtete Wissenschaftler ihren romantischen Neigungen nach. Ebenfalls eingefallen sind dem Herrn von Wichdorff beim Anblick der getropften Schönheit die Begriffe »Märchendom« und »Gralsburg«, die wenig später dann als Inspiration dienten für ein Bühnenbild, das Richard-Wagner-Sohn Siegfried 1920 für »Tannhäuser« im Festspielhaus Bayreuth schuf.

Interessant dürfte auch sein, wie die sonst sehr langsam entstehenden Gebilde, die Tropfsteine, in den »Feengrotten« so schnell entstehen konnten. Humorfreie Antwort: weil sie aus Bergbutter sind. Das gibt es wirklich, und es ist ein schöneres, begreifbareres Wort als Eisen(III)-Hydroxid-Phospat-Sulfat-Hydrat, das kurz auch Diadochit genannt wird. Und diese Bergbutter wächst ungefähr tausendmal schneller als herkömmliche Tropfsteine im Karbonatkarst. Anfassen ist verboten, ist ja weich, die Bergbutter.

Für die Farbenpracht sorgen fast fünfzig verschiedene Minerale: Sulfide, Oxide, Carbonate, Sulfate, Phosphate,

Vanadate, Arsenate und Silikate. »Und als das Lampenlicht die Finsternis durchbricht – wer wagt da ein Wort zu sprechen! –, ehrfurchtsgebietend, feierlich, erhaben in unangetasteter Reinheit und Pracht stand der Märchendom mit seiner Gralsburg vor den Entdeckern«, schrieb Hermann Meyer, einer von denen, die im Berg auf diese Überraschung stießen. Und Ernst Haeckel, Jenaer Professor und Naturforscher von Weltruf, meinte zur Eröffnung der »Feengrotten«: »Lägen diese Grotten nicht in Deutschland, sondern etwa in Amerika, wäre man längst aus aller Welt dorthin gepilgert!«

Als die »Feengrotten« im Mai 1914 geöffnet wurden, staunten die Besucher nicht nur über die Schönheit, sondern auch über die Beleuchtung. Elektrisches Licht! Das gab es damals noch nicht einmal in jedem deutschen Haus. Viele andere Dinge haben sich seitdem verändert, viele Gebäude und Nutzungsmöglichkeiten sind im Umfeld der Höhlen hinzugekommen. Im »Emanatorium«, dem Inhalationsheilstollen, ist die kühle, feuchte Luft nicht nur sauber, sondern rein. Soll heißen: Die Luft ist keim- und allergenfrei, Staub gibt es nur, wenn ein Heilung suchender Besucher hustet, hier schweben auch keinerlei Pollen im Raum. Die Luft im Berg unterschreitet um das Drei- bis Vierfache das Reinheitsgebot in Krankenhaus-OP-Räumen. Die »Feengrotten« sind Mitglied im Deutschen Heilstollenverband, der drei Sterne vergab für die hier erfolgende, sehr erfolgreiche Speläooder Höhlentherapie gegen Asthma und Bronchitis, gegen Allergien und Hauterkrankungen.

Man trinkt hier das Mineralwasser »Gralsquelle«, isst in der Grottenschenke, und wer länger bleiben möchte, kann im Quellenhaus übernachten. Auch für Gesunde gibt es viel zu sehen und zu machen im »Grottoneum«, dem Erlebnismuseum, wo die Besucherfamilien von Mitmachstation zu Mitmachstation wandern, um mehr über Bergbau, Tropfsteine und Minerale zu erfahren. Im »Feenwäldchen«, dem angrenzenden Park mit den verschlungenen Wegen, erkunden nicht nur Kinder den Hain der Lichtelfen, den magischen Garten und das dunkle Reich der Waldgeister. Gruppen und Grüppchen, Familien und neugierige Einzelwesen sitzen auf den Märchenbänken und lauschen den Geschichten vom blauen Wunder, von Fatima Fingerhütchen, von schmetterlingsgroßen Drachen und von Gnom Ragwurz.

Wer etwas mitnehmen möchte, kauft sich im Souvenirladen einen Alaunstift. Denn damit hat ja alles angefangen im 16. Jahrhundert, mit der Förderung von Alaun. So ein Alaunstift hilft nass rasierenden Vätern, Schnittwunden in Sekundenschnelle zu schließen. Und wenn man ein Stückchen in die Erde bei den Hortensien drückt, dann blühen die blau oder violett. Wie von Feenhand verzaubert.

Wie weit man in den »Feengrotten« unter den Wurzeln ist? Wie tief im Berg? Nur ein paar Meter sind es, nicht einmal dreißig. Um schnell tiefer in die Thüringer Erdkruste zu kommen, muss man sich in einen Förderkorb stellen. Der bringt einen zum Beispiel im Erlebnisbergwerk Merkers, einem ehemaligen Salzbergwerk, in 90 Sekunden auf einen halben Kilometer Tiefe. Und es geht noch weiter hinab, wenn man zur 800 Meter tief liegenden Kristallgrotte möchte. Merkers ist riesig, mit Schaufelradbagger unter Tage, unterirdischem Bergbaumuseum, mit historischem Goldraum, mit Sprengsimulation und Lasershow im Konzertsaal.

Im Erlebnisbergwerk Sondershausen fährt man wie Harry Potter oder wie Jules Vernes Expeditionsteilnehmer auf ihrer Reise zum Mittelpunkt der Erde Boot auf einem unterirdischen See.

In der Marienglashöhle bei Friedrichroda findet man eine der größten und schönsten Gipskristallgrotten Europas, und das nur, weil 1848 der weitere Abbau des sogenannten Marienglases, eben jenes Gipskristalls, verboten wurde. Hier hat mal die Ehrfurcht vor der Schönheit über schnöde pekuniäre Interessen gesiegt.

In der »Morassina« bei Schmiedefeld gibt es auch einen Heilstollen, und in die Hörselberghöhlen darf man im Winter nicht hinein, weil da die kleine Hufeisennase neben dem Mausohr, dem Langohr und neben der Mopsfledermaus hängt.

Über die Sagen, die sich um die große Barbarossa-Höhle im Kyffhäusergebirge ranken, wurde schon berichtet, aber eine Höhlengeschichte muss noch erzählt werden. Denn spannend wird's im Jonastal: Liegt dort im Thüringer Gestein der Ohrdrufer Platte eine Atombombe? Oder findet man im Jonastal, das diese Ohrdrufer Platte zerschneidet, in den Höhlen, deren Eingänge oben an der Steilwand noch zu sehen sind, vielleicht doch das Bernsteinzimmer?

Im Jonastal sollte das letzte Führerhauptquartier Adolf Hitlers entstehen. KZ-Häftlinge mussten unterirdische Gänge und Gewölbe in den Berg schlagen. Ein Bunker wurde gebaut, mehrere Stockwerke tief, der als Nachrichtenzentrale dienen sollte. Angeblich hat bis in die 1990er-Jahre eine funktionierende Telefonverbindung in die Jonastal-Höhlen hinein bestanden. In den letzten Kriegswochen reisten verschiedene Nazi-Größen an, inspizierten den Baufortschritt von Geheimprojekt »S III«. Und weil eben alles so geheim war, blühten und blühen die Spekulationen noch heute unaufhörlich. Schatzsucher, Verschwörungstheoretiker, selbst ernannte Spezialisten nutzen nicht nur das Internet zu Diskussionen krudester Art, sondern kommen auch im wirklichen Leben nach Thüringen ins wilde Jonastal, um ihre wilden Atombomben- oder Bernsteinzimmer-Theorien zu beweisen.

Niemand hat bisher auch nur den geringsten Beweis gefunden, obwohl sich viele illegal ins Sperrgebiet gestohlen haben. Man fand auch nichts bei ernst zu nehmenden Untersuchungen, weder im Jonastal noch in den Archiven, in Unterlagen oder sonst wo. Kein einziger Hinweis, der belastbar gewesen wäre. Blöderweise haben 1945 die Amerikaner den späteren Höhlenmythos eigentlich erst in Gang gesetzt, weil sie die Gegend durchkämmt und angeblich Material mit nach Hause genommen haben. In den USA würde das Material immer noch unter Verschluss liegen. Aber auch das ist nur eine unbewiesene Behauptung. Staatsschutz und militärischer Abschirmdienst haben hier geschnüffelt. Der Berg wurde durchleuchtet. Umsonst. Selbst Bohrungen in den Stollen ergaben nichts.

Aber die Wünschelrutengänger, die Bernsteinzimmer-Leute, die Glücksritter, die Freizeitforscher, die bombenfest überzeugt waren, dass Deutschland vor den Amerikanern eine Atombombe hatte und diese hier irgendwo versteckt sei, alle Freaks, die in die Stollen einbrachen und ihre kühnsten Vorstellungen hineingeheimnissten, eben weil nichts gefunden wurde, mussten irgendwann vor sich selbst geschützt werden. Und die Eingänge wurden vermauert. Was die Spekulationen natürlich zusätzlich anheizt. Denn einige wollen wissen, dass hier die Nazis unbekannte Flugobjekte entwickeln ließen, so etwas wie fliegende Untertassen. Sogar eine volksmündliche Bezeichnung gab es: »Reichssuppenschüssel« habe man die Flugobjekte genannt. Ziemlich genau 174 sollen davon noch im Berg bei Ohrdruf lagern.

Ja ja, und die Marsmännchen sind die Vorfahren der Thüringer. Man erkennt es daran, dass wir noch immer die Farbe Grün so lieben.

Feste feiern

Wir Thüringer feiern gern. Das unterscheidet uns nicht
unbedingt von anderen Menschen in anderen Teilen dieser großen, weiten Welt. Schon eher, was wir feiern.
Und wie und wann.

Der Thüringer Feste-Feier-Kalender ist reichhaltig
bestückt. Stadtfeste, Mittelalterfeste, Schlossfeste, Burg-
feste, Frühlingsfeste, Oktoberfeste, Brückenfeste, Wein-
feste auch außerhalb unseres kleinen, aber feinen Thüringer Weinanbaugebiets an der Saale. Wo es Brauereien
gibt, gibt es automatisch auch Bierfeste. Und Schützen-
feste gibt es auch. Weniger scharf geschossen wird auf
Dreschfesten, Kunstfesten, Lesefesten, Festivals und Fest-
spielen ... kaum ein Tag, an dem in Thüringen nicht
mindestens ein großes Fest begangen wird oder gerade
seinen mehrtägigen Verlauf nimmt.

Im Herbst stehen an fast allen Dörfern Kirmes-Hin-
weisschilder oder große Strohpuppen mit Transparenten
um den Bauch, die von Essen und Trank und Erntedank

und Tanz künden. Zwischendurch kommen die Liebhaber alter Traktoren zusammen, bringen ihre Lieblingsmaschinen mit, und dann setzt das große Staunen ein, die Herzen blubbern im Takt der Motoren, und abends gibt es Tanz um den Lanz, um den Traktor Lanz-Bulldog nämlich. Im Frühling setzen die Kirmesburschen Maibäume, und dann tanzt man um diese herum oder in der Nähe derselben, weil es ja im Mai manchmal am Maibaum noch oder schon wieder hässlich kalt ist. Alles nicht sehr anders als in anderen Gegenden Deutschlands.

Aber das Krengeljägerfest feiert man eben nur rund um den Brunnen in Worbis, wo einst freche Jungs Krengel, also Kringel-Brezeln, mopsten, und das Kickelhahnfest nur auf dem Berg namens Kickelhahn bei Ilmenau, wo Goethe in die Holzwand des Schutzhäuschens auf der Bergkuppe sein berühmtes Gedicht »Wanderers Nachtlied« kratzte, und das Breikuchenfest ausschließlich in Dingelstädt.

Das Eisfelder Kuhschwanzfest hat nicht nur einen wunderlichen Namen, sondern findet traditionell am »dritten Pfingstfeiertag« statt, also am Pfingstdienstag, der längst kein Feiertag mehr ist. Das ist und bleibt in Eisfeld der eigentliche Hauptpfingsttag, obwohl man auch die freien Pfingsttage vorher nicht feierfrei lässt. Woher kommt so eine Tradition, die sich die Einheimischen nicht nehmen lassen?

Herzog Johann Casimir von Sachsen-Coburg wollte Anfang des 17. Jahrhunderts die Verteidigungsfähigkeit seines Kleinstaates prüfen und ordnete für den 17. Juni 1608, den dritten Pfingstfeiertag, eine Musterung in Eisfeld an. Auf dem Seerasen – dem heutigen Bahnhofsgelände – wurde fleißig exerziert und Schießen geübt. Abends zog die Miniarmee mit vier Rüstwagen, angeführt von Trommlern und Pfeifern, in die Stadt ein, wo der Tag, herzoglich-leutselig geduldet, mit fröhlichem Treiben ausklang. Fröhliches Treiben wurde bis heute beibehalten und findet jetzt auf dem fünftägigen Rummel statt. Das martialische Vormittagsdefilee am Dienstag hat man in einen friedlich-bunten Nachfeierabend-Festumzug transferiert, und nach einem großen Feuerwerk wird Punkt null Uhr der Kuhschwanz begraben.

Krieg der Kuhschwanz vielleicht ein Rinderschwanz? Der Rest eines Festschmauses ohne Suppe? Nein, die Eisfelder Miniarmee hatte ähnliche Probleme, wie sie zeitweilig bei der Bundeswehr auftraten: Zu wenig Geld für alles Kriegs- und Transportgerät. Weil Pferde für den Kanonentransport fehlten, nahm man Kühe. Die verspotteten Kuhschwanz-Hinterhermarschierer haben dann das rückwärtige Rindviehteil zum Heiligtum erhoben.

Möglicherweise ist bisher ein wenig der Eindruck vermittelt worden, dass Thüringen noch im Dunkel der vergangenen Zeiten verwurzelt sei. Dass sich hier vielerorts Fuchs und Hase »Gute Nacht!« sagen. Dass man es unterhaltsam findet, nachts Kuhschwänze einzubuddeln. Thüringen – die dunkle Seite der Nacht? Mitnichten – in Erfurt zum Beispiel gibt es gleich zwei große Lichterfeste!

Das eine heißt auch so: Lichterfest. Und es verwandelt für eine Sommernacht im August den großen Garten Erfurts in eine Mischung aus romantischem Lichtermärchen, leuchtender Flora und moderner Licht-Show.

Der große Garten war ein Geschenk der Erfurter an sich selbst – in vielen freiwilligen und unentgeltlichen Arbeitsstunden schufen sich die Erfurter nach dem letzten großen Krieg die »iga«, ihre »Internationale Gartenbauausstellung«. Was früher Militärgelände war, wurde rekordverdächtig zu einer 36 Hektar großen öffentlichen Grünanlage umgestaltet, mit dem 6000 m² großen, ja, europaweit größten Blumenbeet, mit verschiedenen Themengärten, mit Pflanzenschauhäusern, Ausstellungshallen, mit Wasserachse, Aussichtsturm, Sternwarte, mit Gartenbaumuseum und Thüringens größtem Kinderspielplatz. Und dazwischen ist immer wieder viel Platz für Ruhe im Grünen.

Dass der »egapark«, wie er heute heißt, denkmalgeschützt ist und zu den bedeutendsten Zeugnissen der Gartenarchitektur der 1960er-Jahre in Deutschland gehört, das interessiert keines der Kinder, die zum Lichterfest kommen. Auch nicht, dass sie weitere Zahlen sind in einer stolzen Statistik, die seit 1961 über 45 Millionen Besucher zusammengerechnet hat. Das interessiert alles nicht, wenn zwischen den blumigen Ornamenten des großen Beetes Kugeln in unterschiedlichsten Farben leuchten, wenn sich im zuckenden Licht der Fackeln die alten Gemäuer noch geheimnisvoller als sonst geben, wenn skurrile Figuren auf langen dünnen Beinen durch den Park stelzen und mit Feuern jonglieren, wenn Feuerspucker Feuer spucken, Lichtzauberer mit Licht zaubern und Bäume so raffiniert illuminiert sind, dass die Natur zur Kunst wird. Von überallher erklingt Musik, Kinder wuseln zwischen den Tänzern herum, die im Dunkel verschwinden und wieder auftauchen, Lichtreflexe tanzen nebenher auf den dunklen Oberflächen in den Bassins der Wasserachse. Wie ein Leuchtwurm windet sich der Festzug, die Lampions der Kinder schaukeln hin und her. Eine gewisse Glückseligkeit liegt in allen Gesichtern, ob jung, ob älter. Und wenn dann die bunten Fontänen des Feuerwerks zu knalligen Mustern erblühen, wird für ein paar Minuten das große Blumenbeet endgültig an den Nachthimmel verlegt.

Lampions sind auch die Seele des zweiten Lichterfestes, das ein paar Wochen später in Erfurt gefeiert wird. Der Autor gibt zu, dass er sich lange nicht vorstellen konnte, dass es irgendwo auf der Welt ein ähnlich schönes oder gar schöneres Fest geben könne. Wer einmal als Kind mit der Laterne zu »Martini« auf den Domplatz gepilgert ist, der ist für sein Leben verzaubert. Umzüge zum Martinstag gibt es viele, das weiß mittlerweile auch der Autor, aber so ein großes Sterntreffen nur hier. Tausende Familien füllen den Platz, wenn in Erfurt die beiden Martins gefeiert werden. Alle blicken dann hoch auf die Domstufen, wo Szenen christlicher Art gespielt werden, und es ist egal, dass die meisten Kinder nicht begreifen, worum es hier eigentlich geht. Natürlich um eine christliche Feier, die am Abend des 10. November die ansonsten nicht für gemeinsames Feiern bekannten großen christlichen Kirchen zusammenbringt. Und da sind auch die Unterschiede zwischen den kleinen Heidenkindern und Gläubigen verwischt. Jeder trägt eine Laterne und trägt bei zu einem grandiosen Eindruck, der zur seelischen Grundausstattung fast jedes Erfurters gehört. Ob Mädchen oder Junge, »Martini« prägt sich tief ein. Und Martinshörnchen, mit Persipan, Marzipan oder Marmelade gefüllte Blätterteigstücke, gehören natürlich dazu.

Die Erwachsenen haben ebenfalls längst vergessen, was es mit den Martinsgänsen und dem 10. November auf sich hat, nämlich dass das früher der Zinstag war, als die Steuern noch in Naturalien bezahlt wurden, also auch in Gänsen, und als der 10. November der letzte Tag war, an dem man schlemmen durfte, weil dann ja die vorweihnachtliche Fastenzeit begann. Und am 11.11., an Martins Namenstag, feiern auch große Teile der Thüringer Menschheit nicht mehr Martin, sondern huldigen vielerorts fanatisch dem heiligen Karnevalissimus.

Da ist so ein leuchtendes Innehalten am Vorabend schon gut.

Selbst den Kleinsten wird zu »Martini« auf dem Domplatz eine Ahnung vermittelt, was Barmherzigkeit bedeutet. Denn da oben auf den Stufen zwischen Dom und Severikirche spielt sich meist die Geschichte um den Martin ab, dem römischen Soldaten, der einem frierenden Bettler die Hälfte seines Umhangs spendete.

Und der andere? Es werden ja zwei Martins gefeiert in Erfurt. Der andere ist natürlich Martin Luther, der in Erfurt studierte. Und dem durch einen Blitzschlag ein Licht aufging. Man sollte von diesem Anfangspunkt späterer weltgeschichtlicher Veränderungen kurz erzählen: Erfurtnah passierte die Geschichte, auf einem Feld bei Stotternheim, ungefähr da, wo heute dieser Gedenkstein steht, der vom »Wendepunkt der Reformation« kündet. Das ist natürlich ein unlogischer Vorgriff, denn hier kam es erst einmal nur zum persönlichen Karriereknick in Luthers Leben. Ein heftiges Gewitterblitzen zwang Martin zu Boden, schutzsuchend warf er sich in eine von einem Thüringer Bauern vorgezogene Furche, betete und legte einen Schwur ab: Wenn er dieses Unwetter überstünde, würde er seinen bisher weltlichen Ausbildungsweg verlassen! Der Blitzschlag traf den Martin nicht, und so schlug er den kirchlichen Weg ein, ging ins Erfurter Augustinerkloster. Sie ist immer noch da, diese Pforte, durch die Luther den einen kleinen, aber so wichtigen Schritt hinein ins Kloster tat. Es war, wie sich später herausstellte, ein großer Schritt für die Menschheit.

Ein Christenfest mit Tausenden Atheisten ist also das leuchtendste Fest in Thüringen. Zugegeben, die Mischung macht's. Kindergruppen klingeln an den Haustüren, schwenken die Lampions hin und her, singen, nicht immer melodiekonform, aber mit Inbrunst »Laterne, Laterne, Sonne, Mond und Sterne« und strecken dann die Schnorrerhände aus, in die Süßigkeiten, Schokolade und ab und an auch mal ein Geldstück gelegt werden. Es haben schon Eltern angstvoll auf ihre verschütt gegangenen Kinder gewartet, die dann glückstrahlend mit prall gefüllten Bettelbeuteln kurz vor mitternächtlicher Stunde wieder auftauchten. Der Autor spricht aus eigener, leidvoller elterlicher Erfahrung.

Jetzt noch ein Ausflug in Thüringens Südosten. In Rudolstadt, ehemals Residenz derer von Schwarzburg-Rudolstadt, Hauptstadt des Kleinstaates von 1599 bis 1920, gibt es zwei Feste, die nicht unbedingt auf Licht angewiesen sind, aber weithin leuchten. Zum einen ist es das größte Volksfest Thüringens, das Rudolstädter Vogelschießen. Einst war es wirklich nur ein Vogelschießwettbewerb, mit Armbrustpfeilen auf einen wehrlosen Holzvogel. Stück für Stück wuchs das Fest dann zu heutiger Größe, und nach einigen Jahren ohne den namensgebenden Wettbewerb wird inzwischen auch wieder der Vogel abgeschossen. Der rundherum tobende Jahrmarkt hat schon Goethe und Schiller angezogen. Goethe war von 1796 an sieben Jahre lang Theaterdirektor in Rudolstadt, und in den Tagen des »Vogelschießens« soll er zu seiner großen Freude in der einen Hand eine Bratwurst und in der anderen ein einfaches Rudolstädter Bürger- oder Bauernmädel gehabt haben.

Schiller, der ja die Lieben seines Lebens (Kein Scherz! Plural!) in Rudolstadt fand und sich für eine entscheiden musste, war Mitglied der hiesigen Schützengilde. Friedrich war froh, wenn er seine kreative Ruhe hatte, aber einmal im Jahr mochte er den Rummel sehr, der einzigen gesellschaftlichen »Anstalt«, wie er den Jahrmarkt nannte, wo sich der Fürst und sein Hofstaat unter die Stadtleute mischten. Die Klassiker würden sich vielleicht auch heute auf dem »Rudolstädter Vogelschießen« zurechtfinden. Es gibt immer noch Bratwurst und Thüringer Mädchen und viele historische Karussells.

Rudolstadt präsentiert sich etwas großmundig und nicht ganz den Wahrheiten entsprechend, als »Stadt der Erstbegegnungen« und meint damit die Paarkontakte Goethe-Schiller und, was für die heutigen Rudolstadt-Touristen meist viel wichtiger ist, das Treffen Schillers mit den zwei Damen aus der Familie derer von Lengefeld. Diese Begegnung, und was daraus wurde, hat uns der Film »Die geliebten Schwestern« bereits anmutig bebildert. Trotzdem fragen die Rudolstadt-Besucher immer wieder nach dieser Dreiecksbeziehung, denn die Geschichte ist doch gar zu pikant: Hat der Schiller nun die zwei Lengefeld-Schwestern oder hat er sie nicht? Natürlich hört es sich verrucht an, wenn von Friedrichs

Menage à trois, vom flotten Dreier mit den Schwestern Caroline von Beulwitz und Charlotte von Lengefeld berichtet wird, aber man sollte das nicht heutig überbewerten. Damals waren wohl Freundschaft und Verliebtheit weit angesagter und angesehener als direkte Körperkontakte. Trotzdem: Man weiß es nicht genau. Der Film »Geliebte Schwestern« heizte die Spekulationen mit einigen erotischen Szenen jedenfalls wieder kräftig an.

Rudolstadt – Sehnsuchtsort vieler Musiker und Musikliebhaber aus aller Welt. Jedes Jahr am ersten Juliwochenende ist die Stadt ein internationaler Klangkörper. In Sprachen von allen Kontinenten wird gesungen, für deutsche Ohren ungewohnte Klänge werden auf exotischen Instrumenten erzeugt. Rudolstadt ist für vier Tage bunt. Multi-Kulti-Tumulti-Stadt. Weltkulturort.

Was in den 1950er-Jahren als »Tanz- und Folklorefest« begann, entwickelte sich nach dem Fall der innerdeutschen Grenze zum größten Folk-Roots-Weltmusik-Festival Deutschlands und dürfte auch den meisten internationalen Festivals den Rang ablaufen.

Auf dem »TFF«, wie Fans und Eingeweihte kurz sagen, wird immer noch getanzt, aber vor allem wird gelauscht, wenn Zither, Drehleier oder Saxofon, Hackbrett, Kniegeige oder Klarinette, Dudelsack, Kurzhalslaute oder elektrische Gitarre erklingen. Das Festival will nicht volkstümeln, und so gestaltet man das volksmusikalisch geprägte Angebot jedes Jahr aufs Neue frisch und überraschend unverbraucht. Man hat keine Angst vor Bands, die traditionelles Text- oder Musikmaterial modern verrocken. Traditionelle Musik gibt es hier in allen Spielarten. Wenn die Weitgereisten spielen, dann zappeln auch die deutschen Beine und schnipsen die Finger. Dann summt und brummt es in den Höfen, auf den Plätzen, in allen Straßen der kleinen Innenstadt und oben auf der Heidecksburg.

Die Konzerte sind Wochen vorher ausverkauft, die Stadt platzt aus allen Nähten, weil die Einwohnerzahl sich zumindest tagsüber verfünffacht. Ein einzigartiges Musikfest voller neugieriger, freundlicher Menschen, die ein paar Tage lang beweisen, dass die Welt zumindest musikalisch zusammenrücken kann.

Wie soll man das Kapitel fortführen, in dem doch noch immer viel zu wenig gefeiert wurde? Jedenfalls viel weniger, als in Thüringen so gefeiert wird. Schließlich gibt es noch das Fischerfest in Wellsdorf, das Knoblauchfest in Ilfeld, das Strohballenfest in Bad Tennstedt, das Barockfest in Gotha, das große Kunstfest in Weimar und das kleine in Tiefthal, die vielen Sommerfestivals, das SMS an der Bleilochtalsperre, die Kulturarena in Jena, das Krämerbrückenfest in Erfurt, die Zwiebelmarktfeste in Weimar und Apolda. Beim Landmaschinentreffen in Allmenhausen treffen sich die Landmaschinen, natürlich nicht ohne menschliche Hilfe, beim Lesefestival »Erfurter Herbstlese« treffen sich internationale Autorinnen und Autoren mit Thüringer Buchliebhaberinnen und -liebhabern, und beim Equinoxfest trifft man sich zur herbstlichen Tag-und-Nacht-Gleiche im LebensGut Cobstädt, redet und kocht zusammen, um sich ökologisch und menschlich näherzukommen. Dort hoppeln auch die Seidenhasen, Deutschlands einzige Angorakaninchen, deren seidiges Haar tiergerecht geschoren und zu Angorawolle verarbeitet wird.

Und Festtage für Hundefreunde gibt es auch, neuerdings sogar Mopstreffen. Loriot würde, lebte er noch, sehr gerührt sein. Denn ein Leben ohne Mops ist möglich, aber sinnlos. Das haben nun auch die Thüringer erkannt.

Und schließlich funktionieren alle unsere Volksfeste nicht ohne Chef. Eigentlich sind es immer mindestens zwei Chefs. Eine oder einer macht die ganze Arbeit, und dann braucht es noch eine andere Person, die huldvoll in die Menge lächelt, einen König oder eine Prinzessin. Sind auch die Zeiten des letzten Thüringer Königs schon sehr, sehr lange und die Zeiten der Herzöge und Grafen lange vorbei, so ist Thüringen doch keineswegs ohne Majestäten. Kronen und Krönchen werden auf bürgerliche Köpfe gesetzt. Es gibt Königinnen und Könige, die das Bundesland in all seiner fröhlichen Vielfalt recht ordentlich repräsentieren.

So lädt zum Beispiel die Thüringer Weinprinzessin in die »Toskana des Ostens« ein. Die müsste eigentlich »Toskana des Nordens« heißen, aber das klingt so kühl, so nach Eisbären und Nordpol.

Wenn man von der eigentlichen Toskana liest, erfährt man, was diese Landschaft prägt: sanfte Hügel, Teppiche aus rotem Mohn, die im Frühsommer die grünen Hügel und Täler überziehen, das spätsommerliche Leuchtegelb der Sonnenblumen, im Herbst die reifen Trauben an den Weinstöcken. Das trifft alles auch auf die »Toskana des Ostens« zu, sogar eine Art der Zypressen ragt hier in die Landschaft. Unsere heißen Pappeln. Wenn das Wetter mitspielt, hat man schon den Eindruck, dass es unnötig ist, nach Süden zu reisen. Ist ja alles da in der Region um Bad Sulza und Apolda. Die Toskana-Therme in Bad

Sulza ersetzt problemlos die Strände des Mittelmeers. Der Salzgehalt ist in einem Becken sogar höher, so hoch, dass man auch als Nichtschwimmer kaum untergehen kann. Hier schwimmt man, nein, schwebt man in Klängen und Farben. Auftrieb für Körper und Geist. Der Erfinder dieser Unterwasser-Seelenmassage hat auch den Namen erfunden und markenrechtlich registrieren lassen: Liquid Sound – und dahinter das große »R« im Kreis.

Ein Stück Ost-Toskana ist mit Weinreben bepflanzt. Es sind nur rund 40 Hektar, auf denen Saale-Unstrut-Wein gedeiht, der eine Thüringer Herkunft hat. Die Weingüter Zahn und Bad Sulza liefern geradezu perfekte Weine, oft mit Medaillen behängt. Zahlreiche Hobbywinzer stellen kleine Mengen her, die man meist nur direkt beim Hersteller trinken oder beziehen kann.

Königliche Getränke wachsen hier heran. Und so etwas schreit eben nach königlicher Vertretung. Das Thüringer Reich ist allerdings klein, man muss sich einordnen ins gesamtdeutsche Weinreich, wo eine Königin herrscht, sodass man sich in Thüringen mit einer Prinzessin zufriedengibt. Jedes Jahr wird die Weinprinzessin neu bestimmt, die dann zum Weintrinken und zu den anderen Genüssen in die Region einlädt. Der Prinzessinnenverschleiß gleicht also dem des Karnevals – die Anforderungen sind aber ungleich höher. Denn welcher Karnevalsverein hatte schon einmal eine studierte Biochemikerin mit dem Spezialgebiet Molekularbiologie als Prinzessin? Solch Qualifikation gereicht nur einer Thüringer Weinprinzessin zur Ehre.

Übrigens gibt es auch Weine aus Weimar, Jena und Erfurt, aus Camburg, Großvargula und Seitenroda. Und von vielen anderen kleinen Weinbergen. Der Wein, der vom Roten Berg in Erfurt kommt, wächst gleich neben den Gehegen und Käfigen der Zootiere. Eine Rarität, die ausschließlich vom Zooparkverein verschenkt wird. Der Wein heißt »Affenschweiß«. Nun, es gäbe schlimmere Möglichkeiten für eine Namenswahl.

Die heutigen Könige und Prinzessinnen sind Vertreter von Regionen oder regionalen Genüssen. Sie werden gebraucht, um Volksfesten einen hoheitlichen Anstrich zu geben und, wo es nur geht, Werbung für die vielfältigen Angebote Thüringens zu machen. Und so werben die Olitäten-Majestäten, die Laubkönige, die Zwiebelprinzessinnen und die Zwiebelmarktkönigin, die Blumenkönigin und die Moorprinzessin für ihre Wahlkreise. Wir haben Musköniginnen, Porzellan- und Salz-Prinzessinnen, einen Möhren- und unabdingbar einen Bratwurstkönig. Und wo die drei Bundesländer Thüringen, Niedersachsen und Hessen aneinanderstoßen, schreitet auf dem länderverbindenden Weg durch die Harzer Karstlandschaft die Karstkönigin mit ihren Karstprinzessinnen. Rotation ist da angesagt, damit immer mal ein anderes Bundesland die Königin stellen kann.

Für die in den letzten Jahren erblühte Stadt Bad Langensalza tritt die Rosenkönigin an, für das Obstanbaugebiet Gierstädt die Kirschkönigin (da fehlt eigentlich noch ein Apfelkönig) und für Gebesee neuerdings die Erdbeerkönigin. Eine tiefe Verbeugung an dieser Stelle vor all den Majestäten, die viel ihrer Freizeit für das nicht immer unanstrengende Amt opfern!

Ausflug nach Norden: **Wiehe**

Wie? Wohin wollen wir? Nach Wiehe. Was soll das denn sein? Eine Stadt, aha. Wie viele Leute wohnen da so? Fast 2000! Wahnsinn. Das ist ja fast 'ne Großstadt! Gibt's in Wiehe irgendwie was Wichtiges, was Interessantes? Eine Windmühle steht in der Nähe, eine Bockwindmühle, funktioniert sogar noch. Mit Mühlen-Café? Gut, aber wegen eines Heißgetränks extra nach Wiehe?

Warum sonst? Es gibt ein Schloss, wo an einem Januartag des Jahres 1574 der Herzog von Anjou übernachtete, auf der Durchreise, soso, tausend Pferde, ein Aufwand! Der Herzog wurde König von Polen, war aber mehr an Knaben interessiert als an Polen, und an Kleidung, Schmuck, Schoßhunden und Puppen. Prinz von Sodom war sein Beiname, bei der Planung der Hugenottenmassaker in der Bartholomäusnacht war er dabei, wurde dann sogar König von Frankreich. Kam er noch einmal nach Wiehe? Nie? Warum ist das dann wichtig? Weil sonst dort nichts los war, aha.

Wer kam noch hierher? Nie gehört: Ranke. Leopold von Ranke. Kleines Ranke-Museum im Rathaus von Wiehe, weil er hier 1795 geboren wurde. Später einer der wichtigsten Geschichtswisssenschaftler Deutschlands. Preußischer Wirklicher Geheimer Rat. Verheiratet mit der Engländerin Helena Graves, Tochter des Dubliner Polizeikommissars John Crosby Graves. Heißt *Graves* nicht Gräber? Wird's jetzt interessant? Nein. Weiter. Wie, nichts weiter? Außer riesengroßen Modelleisenbahn-Anlagen. Die größte Modellbahn-Ganzjahresschau der Welt. Wow! Zwölftausend Quadratmeter. Wunderbar, Loks, Waggons, alles in Bewegung. *Wonderful*, einmal

Amerika von West nach Ost mit der Gartenbahn. Im Nachbarraum wird die Geschichte der nordamerikanischen Indianer ausgebreitet. Und eine weitere Ho-Modellstrecke mit Gebäuden, quer durch Thüringen? Und eine mit dem Orient-Express von Würzburg nach Hamburg. Na, jetzt kann man doch die ganze Familie mit nach Wiehe zerren, ohne dass es viele Beschwerden gibt. Hier ist ja was los! Auch noch eine Ausstellung »Geldreise – Weltreise« mit Finanzen aus fast allen Staaten der Welt. Und Osterinsel-Raum und Terrakotta-Armee-Saal. Und kostenfreie Parkplätze. Und in Wiehe noch das Heimatmuseum »Alte Schule«.

Und gleich daneben die ehemalige Kaiserpfalz Memleben und Nebra, der Fundort der Himmelsscheibe. Warum sind wir nicht eher mal hierhergefahren?

Die Wartburg und der Wartburg

Eigentlich könnte auch das Wort »Fertigung« in der Überschrift auftauchen, aber auch eine Gebrauchsanweisung braucht ein bisschen Poesie und weniger kalte Sachwörter. Gefertigt wurde jedoch beides, zum einen die Wartburg sowie der Burg-Mythos, zum anderen das Zweitakt-Auto, das nun auch immer mehr, je weniger es davon gibt, zu einem Mythos wird. Die Wartburg war zuerst da. Der Wartburg ist eine Folgeerscheinung. Auch als Viertakter. Darum der Reihe nach.

Aber wo beginnen? Lieber mittendrin. Beginnen wir mit Luther. Was heißt, dass wir ein paar Kilometer weiter weg anfangen müssen.

Startpunkt ist Möhra, ein kleines Dorf im Wartburgkreis, mit Lutherplatz und »Lutherhaus« und Lutherdenkmal, wobei die Anführungsstriche darauf hinweisen, dass die Besucher ein bisschen an der Nase herumgeführt werden, denn das Haus hat zwar mit Luthers Familie, aber nichts mit Martin zu tun. Martin

Luther selbst war wohl nur ein einziges Mal in Möhra, nämlich Anfang Mai 1521, besuchte Verwandte und predigte unter einer Linde, die heute nicht mehr steht. Dafür steht an dieser Stelle nun das Denkmal. Ein Lutherdenkmal wie viele andere auch, aber gemach, es gibt viel um diesen 1846 aufgestellten Eisenguss-Luther herum zu erzählen.

Der Meininger Herzogliche Hofrat Ludwig Bechstein hatte gemeinsam mit seinem Freund, dem Hofbildhauer Ferdinand Müller, überlegt, wie man Luther feiern, aber sich selbst nützen könne. Etwas scheinheilig legte der Hofrat seinem Herzog ans Herz, die ganz große Feier zum 300. Todestag in dem ganz kleinen Nest Möhra abzuhalten, weil da die Lutherfamilie herkäme. Da das Event auf Meininger Territorium das Fürstenhaus wieder einmal medial in die Öffentlichkeit rücken würde, war der Herzog einverstanden. Ein Ideenwettbewerb wurde veranstaltet. Die Möhraer selbst wollten das Lutherhaus schön haben und schlugen vor, es zu einem Museum zu machen. Ein Reformpädagoge namens Friedrich Fröbel (man kennt den Herrn als Erfinder der Bezeichnung »Kindergarten« und eines dazugehörigen Erziehungskonzepts) schlug vor, in Möhra eine Muster-Kita zu eröffnen. Aber freilich wurden die meisten Stimmen dafür abgegeben, dass der Herr Hofbildhauer unbedingt ein schönes Denkmal entwerfen solle.

Als die Bezahlungsfrage aufkam, da stülpten die Möhraer ihre Hosentaschen nach außen und zuckten mit den Schultern. Die Thüringer Zeitungen brachten Spendenaufrufe. Die erste Spende kam von Friedrich Schillers Schwester Christophine, Witwe des Meininger Hofbibliothekars Reinwald. Dann klimperte das Geld im Kasten, weil auch die britische Königin sowie einige europäische Fürsten ihre Seele dem Luthertum anempfohlen hatten und das pekuniär beweisen wollten. Heute würde man vielleicht Adels-Crowdfunding dazu sagen. Gegossen wurde das Denkmal von Jacob Daniel Burgschmiet in Nürnberg, damals die erste Adresse für solche Aufträge im noch nicht vereinigten Deutschland. Und wie kam der eiserne Luther nach Möhra? Mit dem damals modernsten Transportmittel, der staatenverbindenden eisernen Eisenbahn. Jedenfalls bis Immelborn. Von dort mussten die traditionellen Thüringer Transportmittel der Möhraer Bauern eingesetzt werden.

Und nun steht der Reformator dort, von wo seine Eltern im Sommer 1483 überstürzt flohen, die mit Martin hochschwangere Margarethe und der Hans Luther. Wieso so plötzlich dieser schnelle Umzug ins Ausland, die Häuser der Vorfahren verlassend, mit der schwangeren Frau über Stock und Stein? Es gibt eine Theorie, dass Vater Hans einen Nachbarn erschlagen habe, ohne Zeugen zwar, aber man sich doch sicherheitshalber für die Flucht entschied. Mit gutem Ausgang, denn Vater Luther wurde im Mansfeldischen Bergmann, dann Mineneigner und letztlich ein wohlhabender Ratsherr.

1846 kehrte Luther also eisern dorthin zurück, wo er sozusagen gebohrt wurde. Man stellte ihn auf den Sockel, auf dem rundherum drei, nun ja doch, Lügengeschichten dargestellt sind: erstens der Thesenanschlag in Wittenberg (selbst Kirchenhistoriker bezweifeln mittlerweile, dass der stattfand), zweitens und drittens die Gefangennahme Luthers und seine Verwandlung in Junker Jörg. Die Entführung war eine Vorsichtsmaßnahme, vorgetäuscht, um Luther den Klauen der kaiserlichen und katholischen Häscher zu entziehen. Und im Versteck auf der Wartburg verbarg sich Martin hinter »Junker Jörg«. Manchmal sind Lügen lebensrettend und haben weltbewegende Folgen.

Dass das Denkmal überhaupt noch existiert, verdanken wir einem listigen Menschen. Als 1942 die Beamten der thüringischen Kulturkammer aktenkundig erlaubten, den Luther zu verschrotten, um vielleicht ein Panzerrohr oder ähnlich Unschönes aus ihm zu gießen, da behielt der Möhraer Heinrich Hofmann einfach die Akten. Man kam dem Schlitzohr auf die Schliche, aber mit beamtischer Hilfe aus Meiningen gelang es, die Demontage so lange zu verhindern, bis »Gitler kaputt« war. Und die Russen taten dem Luther auch nichts. Und so steht er immer noch da am Stammort der Luder-Familie.

Wem die Schreibweise nicht gefällt, hier noch ein paar – alle damals benutzt – zur Auswahl: Lotter, Lutter, Lauther, Loder, Lüder.

Und Buddha lächelt dazu. Verwirrend? Nein, Thüringer Vielfalt. Denn gleich neben dem Vater der Kirchenspaltung steht ein buddhistisches Meditationszentrum, das Dharmazentrum Möhra.

Frische Luft wäre jetzt gut. Lassen Sie uns wandern. Das Auto, welcher Marke auch immer, bleibt in Bad Salzungen stehen, wo Luthers Eltern in der nur noch als Ruine existierenden Husenkirche geheiratet haben. Die Wanderschuhe geschnürt und ein Stück Pummpälzweg in Angriff genommen!

Unterwegs springt vielleicht ein Kobold auf unseren Rücken, ohrfeigt uns und lässt sich tragen. Ob wir erraten, wie der Rumpelstilzchen-Verschnitt heißen mag? Wir tippen auf Pummpälz und haben recht. Rucksack oder Pummpälz auf dem Rücken, wandern wir auf dem Skulpturenwanderweg, auf dem rund 30 Holzskulpturen stehen, geschnitzt von Schülern der Holzschnitzschule Empfertshausen in der Thüringer Rhön.

Die Skulpturen bebildern Thüringer Sagen. Einige kennen wir schon. Zum Beispiel die Lügengeschichte von den Rittern, die ihre Schwurschwerter für einen landräuberischen Ludowinger in die mitgebrachte Erde auf dem Wartburg-Wartberg rammen. Neu ist uns vielleicht die Sage, dass ein Ludowinger mal einen Löwen auf der Wartburg hatte, der in den Burghof ausbüxte, aber der Ludwig soll den König der Tiere so angebrüllt haben, dass der den Schwanz einkniff. Haben wir davon unser Landeswappen mit dem Löwen?

Weiter geht es, über Ruhla nach Eisenach, wo 1395 Johannes Rothe die erste Thüringer Landeschronik schrieb, die *Chronica Thuringorum*, wo 1685 Johann Sebastian Bach geboren wurde, wo jedes Jahr Frau Sunna den Winter vertreibt, wo die Burschenschaften sich trafen, wo die Esel heute noch – Nein, dieses Thüringen mit seinen Geschichten! Wir wollten ja zu Luther auf die Wartburg.

Es ist egal, was man über diesen Bruder Martin denkt, wie man ihn einordnet, was einem an dem gefällt oder abschreckt, aber eines muss man ihm lassen: Er war ein Dichter. Endlich kommt die am Anfang des Kapitels angekündigte Poesie in dasselbe hinein. Luther dichtete die Bibel ins Deutsche. Alles andere trifft die Sachlage nicht. Übersetzt hatten vor Martin schon andere die Bibel. Es gab sie schon in 14 deutschen und 4 niederdeutschen Ausgaben. Gedruckt also! Aber so gestelzt, so fern der Sprache und »Denke« des Volkes, dass das Volk sich null dafür interessierte. Und dann kam Junker Jörg alias Martin Luther und haute in elf Wochen eine Übertragung aufs Papier, die alle aus den Socken haute. Sprachgewaltig, bildreich, poetisch, kräftig, dem einfachen Volke verständlich. Zunächst übertrug er nur das Neue Testament. Bis 1534, dann schon nicht mehr auf der Wartburg, schaffte er auch das Alte Testament.

Er dichtete den Rhythmus der Bibel, den wir heute noch genau so sprechen oder dem wir andächtig lauschen. Und er füllte diesen poetischen Rhythmus auch mit Wörtern und Redewendungen, die es vorher nicht gegeben hat. Sie mussten erst erfunden werden. Von ihm! Lästermaul, Gewissensbisse, Lockvogel, Schandfleck, Lückenbüßer, Feuertaufe und Selbstverleugnung. Perlen vor die Säue und ein Herz und eine Seele und Wolf im Schafspelz und das Buch mit sieben Siegeln.

Wo hat er das hergenommen? Ja, aus sich, aber wieso war es in ihm? Weil er die Sprache seiner Eltern gehört hatte, das bäurische Thüringisch aus Möhra, das Eisenachsche seiner Gasteltern Cotta und der Mitschüler in der Pfarrschule, auch die Sprache auf den Straßen in Eisleben und Magdeburg, und natürlich dann das studentische Reden in Erfurt. Wir tappen nicht im Dunklen, wenn wir wissen wollen, welchem Volk er aufs Maul geschaut hat. Und dann antwortet der Martin doch zum Ende seines Lebens hin auf die Frage, wie er die Bibel übersetzt habe: nach der sächsischen Kanzlei-Sprache. Wie? Beamtendeutsch und auch noch sächsisch?!

Sprachlosigkeit in Thüringen. Dieser undankbare Luder.

Schauen wir uns lieber die schöne Burg an sich an, diese steinerne Chronik der Jahrhunderte. Als Goethe 1807 die Zeichnung »Wartburg, Mönch und Nonne« anfertigte, da setzte er die Burg nur als Hintergrund einer kleinen, antiklerikalen Frechheit ins Bild, denn Mönch und Nonne sehen zwar aus wie ganzkörperverhüllte Halmasteine, aber die verbotene Zuneigung zueinander ist klar ersichtlich. Mit dünnerem Strich hat Goethe die ziemlich verfallene Wartburg festgehalten. In diesem Zustand wäre sie heute kein magnetischer Anziehungspunkt für Besucher aus aller Welt. Das ist sie, weil das Fürstenhaus von Sachsen-Weimar-Eisenach beschloss, ab 1853 die Burg zu einem romantischen Schmuckstück zu machen. Altes wurde, so weit möglich, erhalten, Neues im historisierenden Stil hinzugemauert. Der Bergfried, dieser Blickfang mit dem weithin leuchtenden Goldkreuz, ist so ein Neustück. Moritz von Schwind malte die Fresken mit Szenen aus der Ritterzeit, so wie man sich die Ritterzeit wünschte, bunt, sauber, von warmem Licht beschienen. All die Mythen, die gestreut worden waren, bekamen nun Gesichter und Gewänder. Ein Glanzstück der Historienmanipulation, so gut, dass uns diese Geschichten heute wahrer erscheinen als die wahre Geschichte.

Franz Liszt gab ein paar Akustiktipps, wie man den großen Saal des Palas zum Konzertsaal machen könne. Die farbwuchtigen Mosaiken in der Elisabeth-Kemenate sind gar erst nach 1900 entstanden.

Dass die Wartburg aus manchen Blickrichtungen an Neuschwanstein erinnert, ist genau verkehrt herum formuliert. Denn Ludwig II. war ganz neidisch auf die Eisenacher Burg und ließ seinen steinernen Traum des ritterlichen Mittelalters nach dem Vorbild der Wartburg entwerfen. Größer und noch mehr mittelalterliches Disney-World. Aber der Saal von Neuschwanstein erinnert doch wieder sehr an den im Wartburg-Palas.

Verlassen wir den mythendurchzogenen Ort, die Wachtburg, Luthers Asyl, wo er gutes Thüringer Essen und einen sicheren Platz zum Schlafen fand, wo er nachts Bauchgrimmen hatte und vom Teufel träumte, den er mit einem Tintenfass bewarf, was Satan zur Umkehr in die Hölle bewog. Angeblich, lächerliche Geschichte das. Wandern wir endlich herab nach unten in die Stadt, wo der Wartburg gefertigt wurde.

Aber auch hier die Frage: Wo beginnen? Wieder zeitlich mittendrin. Mitten hinein in die Tage deutschen Erfinder- und Gründergeistes. Und da landen wir freilich, wie weiter vorn in dieser Gebrauchsanweisung schon angekündigt, bei Heinrich Ehrhardt aus Zella, dem Erfinder des Korkenziehers mit Kippnase. Von da ist es nur ein kurzer Weg bis zum Automobil. Aber auf dem Weg erfindet Heinrich auch Kriegsgeräte wie Rohrrücklaufgeschütze und Gebirgskanonen. Die 7,5er-Gebirgskanone wird »Ehrhardt Modell 04« heißen. Aber ihm fällt auch ein, wie man nahtlos Metallrohre pressziehen kann, ein Verfahren, das heute noch angewendet wird, weil bisher keinem was Klügeres eingefallen ist. Auf Heinrich Erhardt sind 128 Patente registriert. Es hätten 129 sein können, aber den Korkenzieher mit der Kippnase hat er ja verkauft, und das Patent meldete der Käufer an.

Heinrich hatte keine Skrupel, gründete 1878 in Zella eine Metall- und Waffenfabrik, 1889 schob er in Düsseldorf die Gründung der Rheinischen Metallwaren- und Maschinenfabrik mit an, wurde Aufsichtsratsvorsitzender einer immer noch existierenden Rüstungsschmiede.

Der Mann sah aus wie heute ein Taliban ohne Pakul-Mütze, langbärtig, radikal in seinem Streben nach Profit auf der Welle des metallgeschwängerten Aufschwungs. Da rauchte nicht nur ein Schlot. Da war Deutschland auf dem Vormarsch. Alle Räder rollten einer glänzenden Zukunft entgegen, so glänzend wie der Explosionsblitz einer Fünf-Zentner-Bombe. Und weil Heinrich Ehrhardt ein Näschen hatte für zukünftige Goldnasen-Pfründe, gründete er 1896 die Fahrzeugfabrik Eisenach. Er hielt ein Drittel des Aktienkapitals und ließ zur Vermehrung desselben zunächst fahrende Geschütze produzieren. Dann kommt die Wartburg ins Spiel: Man baute Fahrräder in Eisenach, die unter dem Namen »Wartburg« angeboten wurden. Fahrräder!? Heinrich, mir graut vor dir!

Aber dann, zum Ende des Jahres 1898 endlich: Autos. »Wartburg-Motorwagen« aus Eisenach. Das Autowerk wuchs sprunghaft zu einem Großbetrieb in Thüringen zur Jahrhundertwende. 1300 Arbeiter schraubten in der dritten deutschen Autofabrik (nach Daimler und Benz) am Traum der noch unfreien Bürger. Anfangs waren die Käufer recht skeptisch, ob so eine Benzinkutsche es mit einer Pferdekutsche aufnehmen könne oder mit den Wartburg-Eseln. Aber da fuhr Heinrich einfach mal den steilen Weg zur Wartburg hoch, und da guckten die Esel hinterdrein.

Als es 1903 nicht weiter aufwärts, sondern sogar mal ein paar Monate abwärts ging, moserten die Aktionäre, und Heinrich zog sich schmollend zurück. In seiner Heimatstadt Zella, mittlerweile Zella-Mehlis, gründete er noch einmal eine Autofirma und ließ Luxusschlitten herstellen. So eine Kaiserklasse-Limousine hatte 50 PS und kostete 1911 schlappe 26 000 Mark. Ein kleines Vermögen, das bald keiner mehr bezahlen konnte.

Aber seine »Wartburg«-Idee setzte sich schließlich doch noch durch. Wieder mit einem kleinen Umweg, da ab 1928 in Eisenach zunächst BMW das Sagen hatte. Aber dann kam der Krieg, und nach dem Krieg begann bekanntlich die »Wartburg«-Zeit.

Jetzt muss der Autor kurz pausieren und Luft holen, um einen schrecklichen Satz zu sagen: Wessis, ihr habt ja keine Ahnung! Sie müssen entschuldigen, aber das haben Sie, die Bürger der alten Bundesländer, wirklich nicht. Keiner von Ihnen kann nachfühlen, was es heißt, zehn und mehr Jahre auf ein Auto zu warten. »Wartburg« – was für ein erster Wortteil für eines dieser sehnsüchtig erwarteten, vor so vielen Jahren bestellten Produkte der DDR-Autoindustrie.

Warum gab es so wenige davon, lag der Produktionsausstoß in Eisenach zu niedrig? Keinesfalls, nur ging der Ausstoß meist aus dem Land hinaus. Hier wurde ein gefragtes Exportgut produziert.

Was heute kaum noch einer glauben mag, aber vom 311er »Wartburg« wurden 1215 Stück in die USA verkauft. Das Ostauto schaffte es sogar auf eine Werbeseite im »Playboy«. Das tröstet allerdings auch im Nachhinein keinen der Wartenden im Herstellungsland.

Der Autor weiß auch nicht, wieso ihm ausgerechnet jetzt seine Großeltern väterlicherseits einfallen. Aber er hat eine Ahnung, woran es liegen könnte. Wartburg gefahren sind sie nie, aber mit ihrem Enkel zur Wartburg gefahren, um auf einem Esel hoch zur Besichtigung zu reiten. Man kann sich heute beides anschauen. Den Mythos da oben auf dem Berg und unten in der Stadt die Fahrzeuge im Automobil-Museum. Man kann dort sehen, wie wenig eigentlich nötig ist, um Mythen zu produzieren.

Eines der heutigen Erfolgsautos aus dem Opel-Werk in Eisenach heißt Adam. Irgendwie klingt das auch wieder ein bisschen nach Bibel und Luther und nach der Männerrippe, die Ausgangsmaterial war für das andere Geschlecht. Als Ersatzmaßeinheit für PS bietet sich aus Thüringer Sicht ES an. Esel gibt es immer noch an der Wartburg.

Leben in Stein

Der Gebrauch der folgenden Thüringer Angebote setzt Automobilität der Gebraucher voraus. Allerdings lässt sich das mobile Herumgefahre in Grenzen halten und zwar in denen Thüringens. Somit ist der Fahraufwand schon einmal relativ gering. So groß ist das Bundesland nun wirklich nicht, also in Quadratkilometern gemessen, nicht in Bedeutung! Wenn man die Thüringer Schlösser, Gärten und Burgen als Ziel hat, wird man erstaunt sein, wie schnell es von einem Schloss zur nächsten Burg geht. Manchmal muss man wirklich fast nur durch den Garten laufen. Wir befinden uns ja auch in einer Kulturlandschaft, die gepflegt wurde, immer wieder gut gedüngt mit Geld und Geist. Das Kulturlandschaftliche beschränkte sich in Thüringen nicht nur auf Goethes Gartenhaus.

Wir haben so viele Schlösser und Burgen (und dazu noch Museen und Theater und andere Kulturtempel vielerlei Art), dass man sich selbst als Einheimischer manchmal wundert, dass dazwischen noch Platz für uns Thüringer ist.

Diese große Anzahl erklärt sich aus der Vielzahl kleiner eigenständiger Herrschaftsgebiete, die wir früher hier hatten. Und die Herrschaften wollten auch herrschaftlich repräsentativ wohnen. Auf den Burgen rangierte der Sicherheitsgedanke noch an erster Stelle, auf den Schlössern dann der Nachahmungstrieb. Auch die kleinsten Thüringer Fürsten wollten mindestens so groß und wichtig erscheinen wie die französischen Ludwige. Der König bin ich! Manchmal nur ein ganz kleiner König mit nicht genug Geld, um die Schlosswände mit echtem Marmor auszukleiden. Nun, dann kam eben Gips an die Wände, und ein talentierter Maler malte den Marmor darauf. Thüringer Fürsten konnten in ihrer kostspieligen Repräsentationssucht manchmal sehr sparsam sein. Besser gesagt: sie mussten. Denn die Steuerströme glichen in den Thüringer Fürstentümern zumeist nur Rinnsalen. Oft genug saßen die Herrschaften auf dem Trockenen – was sie aber nicht hinderte, weiterhin viel Geld auszugeben, das sie eigentlich nicht hatten. Kommt uns das nicht ungeheuer heutig vor? Oder andersherum gefragt: Hat sich da bei den herrschenden Herrschaften sehr viel verändert?

Natürlich geht es auch heute noch um Geld. Um viel Geld, damit man diese Schlösser- und Burgen-Vielfalt erhalten kann. Wir sind offen für Schlösser. Was bleibt uns auch anderes übrig? Sollen wir sie abreißen oder verfallen lassen? Ein paar Versuche laufen, Verfallstudien, aber die sind nicht die Regel. Wir investieren in die Vergangenheit, um auch zukünftig was zum Vorzeigen zu haben. Sicher kann man sich zugeknöpft geben, die öffentliche Hand über die Geldtöpfe halten und »Halt!« schreien, wenn sich mal wieder ein Schloss- oder Burgherr etwas herausnehmen will, aber in den meisten Fällen sind wir ja selbst die Herren unserer alten Gemäuer.

Es gibt eine »Burgenstraße Thüringen«, auf der man eine Rundreise auf der Spur der Steine antreten kann, nur um sich Burgen anzusehen. Der Autor schlägt vor, dies zunächst mit dem Finger auf der Landkarte zu tun, um sich auf spätere Realreisen vorzubereiten. Wie merkt man sich die einzelnen Burgen in der Vielzahl? Mit Einzelheiten, kleinen Details, die machen vielleicht so neugierig, dass man die Gier dann vor Ort stillen muss.

Witzigerweise beginnt so eine Rundreise auf der Burgenstraße Thüringen oft in Bayern. Wir kennen das Problemchen schon, denn es geht um das fränkische Coburg, das mal zu einem Thüringer Herzogtum dazugehörte. Auf der Veste Coburg steht der Hochzeitswagen von Herzog Johann Casimir von Sachsen-Coburg, es ist der älteste fahrbereite Prunkwagen der Welt. Man könnte die Pferde vorspannen und mit Peitschenknall loskutschieren. Auf dem Kutschbock wäre noch Platz für einen Hofzwerg, gäbe es solche meistens willentlich verkrüppelte Kleinwüchsige noch. Ein Harnisch für ihn wäre auch noch da.

Keine halbe Stunde mit dem Auto auf der Burgenstraße und wir sind an der Veste Heldburg. Die Burg war ein Pflegefall. Gute Pflege kostet Geld, noch dazu bei einem Patienten dieser Größe. Es gibt glücklicherweise Denkmalpfleger, die wissen, aus welchen Kassen man die Pflege solcher Gebäude bezahlen kann. Schritt für Schritt entsteht hier das Deutsche Burgenmuseum. Die Burg war schon Kulisse für Märchenfilme und, das ist das merkbare Detail, es gab eine Helene Freifrau von Held-burg. Sie hieß eigentlich Ellen Franz und war Pianistin und Schauspielerin. Bürgerlich also, plus anrüchigem Beruf. Die schöne Ellen wurde die große Liebe und dritte Ehefrau des Meininger Herzogs Georg II., den man auch als den Theaterherzog kennt, weil er das Theater reformierte und ein europaweit frenetisch gefeiertes Ensemble aufbaute, die »Meininger«. Auf der Held-burg verbrachten die Turteltauben Ellen und Georg glückliche Jahre in privater und theaterreformierender Eintracht. Der um die Ecke mit den zwei Meiningern verwandte spätere deutsche Kaiser Wilhelm II. soll sich aus Standesgründen so vor der schönen Schauspielerin gegrauselt haben, dass er seine Thüringer Verwandtschaft nie besuchte. Helene und Georg hatten eh keine Zeit, sie hatten ja ihr Theater.

Knapp eine Stunde brauchen wir real von der Held-burg bis zur Johanniterburg Kühndorf, keine Sekunde mit dem Finger. Die Kühndorfer ist die letzte erhaltene Burg des Johanniterordens in Deutschland. Johanniter? Sozusagen die ritterliche Sanitätsbrigade. Das Baudenkmal ist das einzige auf der »Burgenstraße« in Privateigentum. Als Erfurter Spaßintellektueller kann sich der Autor ganz einfach merken, wie die Eigentümer heißen, nämlich so wie ein Buchverlag für unterhaltsame Literatur: Eichborn. Von Eichborn freilich. Und sehr viel ernster und noch seriöser als dieser Verlag mit der Fliege.

Die nächste Burg auf unserem Rundweg kennen wir schon. Es ist die Wartburg. Aber die ganz in der Nähe liegende, oft »kleine Schwester der Wartburg« genannte Creuzburg, wer kennt die? Immerhin hat die Elisabeth, die später heiliggesprochen wurde, die Gattin des ludowingischen Landgrafen, auf der Creuzburg ihren Sohn Hermann zur Welt gebracht. Und der Hermann war der, der dann die Crème de la Crème der mittelalterlichen Unterhaltungskünstler auf die Wartburg lud, damit sie ihm dort den Feierabend mit Rezitation und Gesang und Tandaradei füllten. Friedlich ging es da zu, was später Sängerkrieg genannt wurde.

Von der Creuzburg führt unser Weg weiter zur Reichsburg auf dem Kyffhäuser. Wie merkt man sich die? Assoziativ. Man stellt sich die Frage, wo man in Deutschland die ältesten Cannabis-Samen gefunden hat, und antwortet: Nicht am Kiffhäuser! (Nebenbei: Archäologen fanden die in Eisenberg am Hermsdorfer Kreuz). Aber waren die Thüringer bekifft, als sie direkt neben den Ruinen der alten Barbarossa-Burg das Kyffhäuser-Denkmal bauten? Waren sie plötzlich reich geworden? Nein, der Chef des Reiches war verstorben: Wilhelm I., Symbolkopf der deutschen Einheit von 1871, zärtlich auch Barbablanca genannt, Weißbart. Und für den ist das Denkmal errichtet worden, er reitet in Bronze über dem erwachenden Rotbart-Kaiser. Voll national vernebelt waren sie also, als sie das drittgrößte deutsche Monumentaldenkmal hochzogen. Und der Standort war Programm und glücklicher Zufall in einem. Glücklich, weil hier ja die Reste der alten Reichsburg vom Kamm des Kyffhäusers bröckelten, und Programm, weil man ein Zeichen setzen musste, ein gewaltiges, gegen die Vaterlandsverräter, diese sozialdemokratischen Zersetzer, die sich da von Thüringen aus im Neu-Reich verbreiteten und am Kaiserthron wackelten. Wir wollen da rauf!

Dieser monströse Gedenkort des Deutsch- und Kaisertums wurde übrigens von den russischen Truppen nach 1945 nicht weggesprengt. Vor Kunst und Kultur der Kriegsfeinde machte man halt, Bewegliches nahm man mit. Das Denkmal war etwas unbeweglich. Nur den fünf Meter großen Porphyr-Hindenburg, Denkmal für den Hitler-Steigbügelhalter, kippte man an Ort und Stelle um und verbuddelte alles. Aktuell ausgebuddelt liegt der Generalfeldmarschall hingestreckt zu Füßen Barbarossas. Dort liegt er, bis er wieder eingebuddelt oder von der AfD aufgestellt wird.

Wir sind etwas in Zeitverzug, darum nur eine kurze Stippvisite auf der Runneburg in Weißensee. Auf dem Marktplatz vor der Burg stehen Thüringens ältestes Rathaus (die Biertrinker erinnern sich) und ein Denkmal für Walther von der Vogelweide.

Weiter geht es, vorbei an den drei Gleichenburgen, wo der bigamistische Graf gewohnt haben soll, vorbei am Weimarer Stadtschloss, dessen Eingang eine mehrfach abgebrannte und wieder aufgebaute Burg ist, die Bastille genannt wird, noch ein Stückchen, und wir sind in Liebstedt.

Liebstedt kennt kaum jemand. Muss man unbedingt nachholen. Die Ordensburg ist die einzige noch in Thüringen erhalten gebliebene Kreuzritterburg. Der ganze Ort war mal eine dreifache Wehranlage, bestehend aus Mauern und Gräben. Und Zentrum war die Komturei des Deutschen Ordens, der Kreuzritter eben. Und das Detail zum Merken: Kupfer und Geld. Mitten durch die Ordensburg Liebstedt führte nämlich die Kupferstraße, die im Mittelalter Hamburg und Venedig verband. Im Mittelalter hieß das nicht Maut oder Schutzgelderpressung, wenn man den Händlern den Gewinn an der Zollstelle minimierte. Die Kreuzritter saßen auf der Straße, was im Mittelalter noch eine ganz andere Bedeutung hatte als heute.

Bald ist das Band der »Deutschen Burgenstraße« durch Thüringen verknotet. Zwei Stationen noch. Die eine ist die Leuchtenburg bei Kahla, die wirklich weithin leuchtet, neuerdings vor allem in der Museumslandschaft. Eine Burg, auf der man Porzellan brennen kann – am Computer.

Von dort nach Süden, in Sichtweite vorbei an Ranis mit der pekuniär immer wieder auf wackligen Füßen stehenden Seismografen-Sammlung und den lebendigen Thüringer Literatur- und Autorentagen, vorbei am Laufwasserkraftwerk Ziegenrück, einem einzigartigen technischen Museum, und dann liegt sie vor uns, weithin sichtbar, ein Luginsland der reußischen Fürsten: Schloss Burgk thront über der angestauten Saale. Ein Burgschloss mit einer Silbermann-Orgel. Natürlich ist das Schloss schon mehrfach als märchenhaft schöne Filmkulisse verwendet worden – und das, obwohl es sich bei dem Schloss eigentlich nur um die Rumpelkammer der Reußenfürsten handelt. Die wollten in ihren Greizer Schlössern immer modern eingerichtet sein und ließen den alten Kram nach Burgk bringen, wo er sich stapelte: Reiseandenken, Rüstungen, Bücher, Skulpturen, Kinkerlitzchen, Gemälde und viele Möbel. Drei Jahrhunderte lang wuchs die Rumpelkammer zu einer imposanten Sammlung, die einen ziemlich vollständigen Querschnitt durch die mitteldeutsche Fürstengeschichte und die reußische Lebensart darstellt. Eine einzigartige Erbschaft. Und wenn die Erben dies alles nun wegerben wollen, freuen sich oft Sotheby's und Christie's. Die Thüringer und ihre Besucher freut das weniger.

So, und nun denke man sich bitte zu den Burgen der Burgenstraße noch all die anderen Burgen und Schlösser, die Thüringen außerdem hat, dazu, aber belebt. Denn zu der hohen Burgen- und Schlösserdichte gehören eben auch die Dichter und Denker. Kunst geht nach Brot. Oder auch: Zum Golde drängt, am Golde hängt doch alles – ach, wir Armen! Holde Dreifaltigkeit: Macht, Geld und Geist.

Schloss Kochberg, wo Goethe oft Frau von Stein besuchte, Schloss Molsdorf, wo Graf Gotter wohnte, Frauenbeglücker und Diplomat in europäischen Diensten, das Schlossmuseum Arnstadt mit der Barock-Puppensammlung »Mon plaisir«, Schloss Sondershausen mit dem geheimnisvollen Püsterich, das Schloss Elisabethenburg, das man sich zusätzlich zum Theatermuseum »Zauberwelt der Kulisse« in Meiningen ansehen kann, das Schloss in Altenburg, das die größte Spielkartensammlung der Welt beherbergt, das Rudolstädter Schloss, die Heidecksburg, wo unter anderem die phantastischen Mini-Miniatur-Königreiche Pelarien und Dyonien ihren Platz gefunden haben, oder Schloss Beichlingen, dessen Ersterwähnung sich einer versuchten Entführung verdankt – im November 1014 raubte Markgraf Werner von Waldeck die Burgherrin Reinhilde – und wo man heute heiraten und den Start ins Eheleben dann auch feiern kann.

Wie Altes neu aufblühen, wie man zudem seine eigene Bedeutung wiederentdecken und freudig ausbreiten kann – das beweisen seit einigen Jahren die Gothaer.

Gotha, ist das nicht diese immer kleiner werdende Kleinstadt auf der Landkarte links neben Erfurt, wo noch eine Straßenbahn in den Wald fährt? Heißt ja auch Wald-bahn, führt in den Wald, glücklicherweise raus aus der Stadt. Schloss Friedenstein, das Herzogliche Museum, die Orangerie (für die sich die Gothaer 2006 bei der MDR-Fernsehsendung »Ein Schloss wird gewinnen« eine halbe Million Euro ertelefonierten), alles wächst, wird schöner. Die Gothaer punkten mit ihren Schätzen, die nicht nur von adeligem Kunstsinn, sondern auch von bürgerlichem Erfindungsreichtum zeugen.

Das PERTHESFORUM zum Beispiel – sie schreiben es in Gotha in Großbuchstaben – ist nach dem Gothaer Verleger Justus Perthes benannt, Herausgeber des »Gotha«, des europäischen Adelsregisters, und Vater aller Schulatlanten. Tatsächlich handelt es sich um das größte Kulturbauprojekt Thüringens der 2010er-Jahre, um das neue Großdepot nämlich, wo neben dem Thüringischen Staatsarchiv und der Forschungsbibliothek Gotha vor allem die Depots der Museen und Werkstätten für alle Einrichtungen des »Barocken Universums Gotha« Platz finden. Nicht schlecht!

Manchmal haben sie zu ihrem visionären Händchen einfach auch Glück, die Gothaer, oder einen direkten Draht zu den richtigen Stellen. Als die deutsche UNESCO-Kommission und die Kultusministerkonfe-renz in Person der Kulturstaatsministerin Monika Grüt-ters wenige Tage vor Weihnachten 2014 die »Nationale Schutzliste des immateriellen Kulturerbes« bekannt gaben, da tauchte Gotha drei Mal auf, obwohl sich die Stadt gar nicht offiziell beworben hatte. Bei Bekanntgabe der Liste zeigte sich Thüringen zunächst enttäuscht, weil die eigentlichen Vorschläge abgeschmettert worden waren: das Skat-Spiel und Fröbels Kindergarten-Idee.

Ziemlich weit vorn auf der Liste stand dafür die Genossenschaftsidee. 1858 fand in Gotha der 1. Kongress deutscher Volkswirte statt, und von dort aus traten dann die Ideen von Raiffeisen und Delitzsch, die beschreiben, wie man gemeinsam wirtschaften und davon in Gruppe profitieren kann, ihren Siegeszug an.

Auch auf der Liste: die Lieder der deutschen Arbeiterbewegung. Wenn heutzutage die sozialdemokratischen Führungspersönlichkeiten die »Internationale« oder »Wann wir schreiten Seit' an Seit'« anstimmen, dann klingt das immer wie Musikantenstadel. Es ist vielleicht der Nachhall eines der wichtigsten Kampfmittel der organisierten Arbeiterschaft. Singen, noch dazu gemeinsames, kommt tief aus deutscher Seele. Da machten die Arbeiter keine Ausnahme, wobei auch seelenvolles Kampfsingen deutsche Ordnung braucht – und so gründete man in Gotha 1877 den Dachverband aller Arbeitergesangsvereine, den »Ersten Deutschen Arbeiter-Sänger-Bund«. Gründer war der Gothaer Sozialdemokrat Emil Sauerteig. Es musste das alles fast automatisch in Thüringen passieren, denn hier ist das Mutterland der deutschen Sozialdemokratie, wo die Väter der Partei zusammenkamen, um zusammenzukommen. Bebel, Liebknecht, Lasalle, Hasenclever. Gründungsparteitag 1869 in Eisenach, Vereinigungsparteitag 1875 in Gotha, Erfurter Parteitag und Programm 1891 im Kaisersaal der damaligen Preußenstadt. Ohne Thüringen keine SPD. Allerdings müsste man den führenden Genossen mal wieder den Marsch blasen, damit sie sich wenigstens ein bisschen um ihre Thüringer Geschichte und deren Zeugnisse kümmern. Vielleicht hilft ja diese Liste des immateriellen Kulturerbes ....

Auf die Liste ist durch irgendeine Hintertür auch die deutsche Theater- und Orchesterlandschaft gelangt. Und diese Theaterlandschaft hat natürlich mit Gotha und mit Thüringen immens viel zu tun, mit Freifrau Helene und Herzog Georg, mit Goethe und Schiller und vor allem mit dem ganz leisen Theater-Urknall auf Schloss Friedenstein in Gotha.

Teil des Schlosses ist das Ekhof-Theater, das einzige noch existierende vollständige Barocktheater mit einem Wunderwerk von Bühnentechnik, ganz aus Holz. Alles funktioniert, man kann es anschauen, manchmal in Aktion erleben, denn das Theaterhaus wird noch immer bespielt. Feuer und offenes Licht sind verboten! Dabei war es ein Feuer, das nach dem Schloss- und Theaterbrand in Weimar 1774 eine der besten deutschen Wander-Schauspieltruppen nach Gotha verschlug. Ein Glücksfall, weil der kunstsinnige Herzog Ernst II. die Schauspieler um Conrad Ekhof aufnahm und 1775 mit ihnen in seinem Hoftheater das erste deutsche Schauspielensemble gründete, das nicht mehr wandern musste, sondern ab da eine feste Spielstätte hatte. In der Ekhof-Zeit war Gotha der Mittelpunkt des deutschen Theaters. Iffland, Urvater aller deutschen Schauspieler, begann hier seine beispiellose Karriere.

Und dieser Ekhof war nicht nur selbst ein hervorragender Schauspieler und Lehrer für Darstellungskunst, er liebte seine Schauspieler und wusste von ihren Sorgen und Nöten. So entstand die Idee einer Pensions- und Sterbekasse, der ersten Alterorsorge für Theaterleute überhaupt. Ekhofs letzte Worte auf der Bühne, am 11. Februar 1778 gesprochen, könnten aus einer gut ausgedachten Theaterkantinen-Anekdote stammen, aber die Geschichte ist wahr. Als Geist von Hamlets Vater nämlich sagte er: »Ade, ade, gedenke mein!« Im Juni desselben Jahres starb Ekhof. Sein Grabstein steht im Ehrenhain auf dem Gothaer Hauptfriedhof. Am Remstädter Haus, das Ekhof zuletzt bewohnte, hängt eine Gedenktafel. Und die deutsche Theaterlandschaft steht auf der Liste des immateriellen Kulturerbes. Perfekt! Für Gotha auf jeden Fall.

Selbst Weimar guckt immer mal neidisch nach Gotha. Cranachs hängen hier so viele wie kaum anderswo. Kunstinteressierte Franzosen kommen nach Gotha, um sich anzusehen, was ihr Landsmann Jean-Antoine Houdon außer der Muskelmann-Skulptur noch so Klassizistisches hinterlassen hat. So groß wie die Gothaer Skulpturensammlung ist keine außerhalb Frankreichs. Eine Münzsammlung gibt es hier, und allein die Geschichte dieser Sammlung ist es wert, sie zur Kenntnis zu nehmen. Die Sammlung selbst ist atemberaubend, jedenfalls für Numismatiker. Goethe war hier, Voltaire, Hanna Höch, Sigrid Damm ist Ehrenbürgerin. Der Lexikon-Meyer kommt von hier, der Klavierbauer Bechstein und Deutschlands Versicherungsmann Nr. 1, Ernst-Wilhelm Arnoldi. Der Name Fritz Koch-Gotha ist zwar vergessen, aber seine »Häschenschule« wird heute noch gern und so oft gekauft, dass immer wieder Nachauflagen gedruckt werden. Gustav Freytag war hier, in Gotha-Siebleben gibt es eine kleine Gedenkstätte. Johann Pachelbel, der diesen wunderbaren Kanon in D-Dur schrieb, war Organist in Gotha. Friedrich Gerstäcker, der Abenteuerschriftsteller, Kurd Laßwitz, der die ersten deutsche Science-Fiction schrieb, Hans Cibulka, feinsinniger Schreiber und langjähriger Bibliotheksdirektor, der Geograf Hermann Haack, alle haben wichtige Lebenszeit in Gotha verbracht. Hier steht eine der ersten Sternwarten Europas, verbunden mit dem Namen des Astronomen Franz Xaver von Zach. Ganz zu schweigen von diesem Johann Georg August Galetti, dessen skurrile Lehrthesen von Schülern aufgeschrieben wurden und noch heute zu Lachanfällen führen. Ab und an kommen, medial wirksam in Szene gesetzt vom Gothaer Oberbürgermeister, Nachfahren der Gothaer Blaublütler und schauen nach den Häusern ihrer Vorfahren. Dann wird bunt beflaggt, die fürstlichen oder königlichen Hoheiten winken, die Schaulustigen schauen und die Stadtmarketingleute reiben sich die Hände.

Und was hätte man für herrliche Schlagzeilen produzieren können, wenn die Berliner damals den Reichstag so zu bauen in der Lage gewesen wären, wie es der Bohnstedt-Siegerentwurf des 1872er Wettbewerbes vorsah. Waren sie aber nicht. Warum? Weil irgend ein Graf Raczyński sich partout weigerte, sein Grundstück zur Verfügung zu stellen. Sogar der Kaiser war für Standort und Entwurf, aber enteignen wollte er den Grafen auch nicht. Ein Blaublütler hackt dem andere kein Grundstück aus, oder so. Es hätte allerdings dann auch in den Annalen stehen müssen: Thüringer Russe baute Reichstag. Eine Schlagzeile wie gemacht für die Bilder-Zeitung. Denn der Reichstagsentwerfer, der Gothaer Stadtbaudirektor Ludwig Bohnstedt, wurde in St. Petersburg geboren. Wer vom Bahnhof Gotha in die Stadt hinunterläuft, die repräsentativen Gebäude links und rechts ansieht, der geht sozusagen durch die Bohnstedt-Stadt.

Der Autor wagt eine fast risikolose Prophezeihung: Gotha wird sich als vierte Perle auf die Schnur reihen, wo schon Erfurt, Weimar und Jena in ihren jeweiligen Farben glänzen. Gotha wird ein weiterer schillernder Glanzstein auf der Kette sein. Die Stadt ist mittlerweile so weit, sich mit Weimar zu messen.

Allerlei Rekorde

Wie könnte man die Einschaltquoten (wenn es denn so etwas gäbe) für die Gebrauchsanweisung für Thüringen hochtreiben? Es gibt nur eine Antwort: mit Fußball. Millionenfrage bei Günther Jauch: Wer erzielte im deutschen Fußball das schnellste Tor? Ein Thüringer. In der ersten Spielminute hat es in einigen deutschen Kästen schon öfter geklingelt, in der Bundesliga auch schon innerhalb der ersten zehn Sekunden (Leverkusen gegen Dortmund 2014, Karim Belarabi nach neun), aber nirgendwo ging das runde Leder so schnell ins Tor wie beim SV Stahl Unterwellenborn III. Es gibt einen ansehbaren Filmbeweis, dass Denny Möller vom Probstzellaer SV den Ball vier Sekunden nach Spielanstoß versenkte.

Gut, so ein statistischer deutscher Führungsplatz kann verloren gehen, schließlich gibt es weltweit schon jetzt ein paar noch schnellere Tore. Aber Thüringen kann noch mit ganz anderen Rekorden aufwarten. Es ist nicht unsere Art, mit dem Größten, dem Längsten, dem Ältesten und sonst welchen »-sten« zu protzen, aber die Welt verlangt nach spektakulären Höchstleistungen. Und ein paar haben wir zu bieten, warum also schweigen.

Das größte Gemälde der Welt befindet sich wenige Meter oberhalb des schiefsten Turmes. Ersteres war Absicht, Zweiteres nicht. Wir befinden uns in Bad Frankenhausen, wo der Turm der Oberkirche zwar noch nicht den Bekanntheitsgrad des Turmes von Pisa hat, aber der Grad der Neigung liegt bereits darüber. Pisas Touristenmagnet bietet nicht einmal eine Neigung von 4°, der Oberkirchturm hingegen knapp 5°. Unfreiwillig schiefer sind nur noch zwei Kirchtürme in Ostfriesland und ein Turm in einer rheinland-pfälzischen Stadtmauer. Aber alle können nicht mithalten, wenn es um den Überhang geht, also darum, wie viele Meter zwischen Scheitel und Sohle messbar wären, wenn man einen senkrechten Strich vom Scheitel herunterzöge. In Bad Frankenhausen sind es über viereinhalb Meter, die der Turm aus dem Lot ist. Da möchte man nicht dauerhaft drunterstehen. Und darunter durchgehen bringt vielleicht dasselbe Unglück wie bei Leitern. Zum Glück sind wir nicht so abergläubisch in Thüringen.

Der Oberkirchturm senkt sich wie alle unfreiwilligen schiefen Brüder und Schwestern seit Jahrhunderten. In den 1920er-Jahren sollten Stützpfeiler die weitere Neigung verhindern, aber wenn die Stütze im Alter schneller im Boden versinkt als der Turm selbst, dann ist freilich alle Stützerei umsonst. Baubehörden guckten sich die Sache noch ein paar Jahrzehnte an, und dann hieß es, dass zu Silvester 2014 Ultimo sei, der Turm zum Abriss vorgesehen. Ein Wunder geschah. Plötzlich und unerwartet wurde der Turm von fast ganz oben als »Baudenkmal mit besonderer nationaler Wahrnehmbarkeit, städtebaulichen Qualitäten und überdurchschnittlicher Qualität« eingestuft. Mit fast einer Million Euro förderte der Bund den Bestand des Turms. Jetzt aber schnell die Werbetrommel gerührt: Vergessen Sie Pisa! Besuchen Sie den schiefsten Turm der Welt, die Oberkirche in Bad Frankenhausen, solange sie noch steht.

Hoffentlich noch sehr lange.

Wem langweilig wird, den nehmen wir mit ins größte Gemälde der Welt. Ja, ins Gemälde, denn es ist ein Rundbild. Ölfarben auf Leinwand. 14 Meter hoch, 123 Meter lang. Wie der Maler es sich vornahm, ist es ein Bild geworden »aus der Wand heraus mit dem Ziel höchster magischer Wirkung auf den Betrachter in der Manege«. Und da steht der Mensch nun im Dunkel und schaut stumm in den Zirkus des Malers Werner Tübke.

Eigentlich sollte es ein Schlachtgemälde werden mit dem aufrührerischen Prediger Thomas Müntzer als Haupthelden, der die Bauern gegen die Obrigkeit geführt hatte unter der Regenbogenfahne. Drauf und dran! Und mit so wunderbar urkommunistischen Christen-Slogans wie: Als Adam grub und Eva spann, wo war denn da der Edelmann? Eine berechtigte Frage, aber wie soll dies ein Maler platt 1:1 als Bild malen, ohne sich hinterher schämen zu müssen. Darum malte Tübke erst einmal seine Vorstellungen 1:10. Was für eine Welt blätterte sich da auf, eine ganze Epoche voller Blut, Schweiß und Tränen, voll Eitelkeit, menschlicher Dummheit und Überheblichkeit, die in Schlachtengetümmel mündet, aber dort kein Ende findet. Ein immer wiederkehrendes Auf und Ab der Farben, der Jahreszeiten, der Ereignisse und Allegorien, ein Kreislauf des Lebens, gewaltig und gewalttätig, brutal, aber mit nie enden wollender Hoffnung auf Veränderung zum Besseren. Ein historischer »Cirque de soleil« auf dem spiraligen Weg des Fortschritts.

Werner Tübke hängte dafür seinen Posten als Rektor der Leipziger Hochschule für Grafik und Buchkunst an den Nagel und forderte freie Hand. Er hätte Schiller zitieren können, etwas zu deutlich für damalige Verhältnisse: Sire, ich fordere Gedankenfreiheit! Kunst, sagte Werner Tübke deutlich, sei für ihn keineswegs eine Art Transportmittel für Ideen, er produziere Kunst um der Kunst willen – ein Affront gegen die herrschende Kunstauffassung des sozialistischen Realismus. Aber er fügte noch hinzu, es gehe ihm um Kunst, die dann in der Gesellschaft Wirkung hat, und mit dieser Aussage setzte er sich durch. Über zehn Jahre seines Lebens widmete der Maler seinem Werk, andere Maler standen ihm zur Seite, ähnlich wie damals die Malergehilfen in den Werkstätten der Cranachs. Ein Mammutwerk. Über 3000 Figuren auf 1722 Quadratmetern, mehrmals findet man den nicht gerade bescheidenen Meister höchstselbst. Am 16. Oktober 1987 signierte Tübke das Panorama-Bild, das seither als »Sixtina des Nordens« in alle Himmelsrichtungen leuchtet.

Das Panorama Museum Bad Frankenhausen ist also das einzige Museum der Welt, das nur ein einziges Bild ausstellt. Der Satz ist nicht ganz wahr, denn im Foyer wechseln interessante Ausstellungen mit Bildern international renommierter Vertreter des magischen Realismus. Immer wieder neue Gründe, um nach Bad Frankenhausen zu fahren, wobei auch der Ein-Bild-Grund zur oftmaligen Wiederkehr reichen würde. Einzigartig sei der Maler Tübke gewesen, resümierte ein Kunstkritiker, handwerklich perfekt und von großer geistesge-schichtlicher Kenntnis. Aber ohne den kleinen Autosatt-ler aus Bad Frankenhausen, der die Leinwand zusammennähte, hätte der große Tübke das nicht hin-gekriegt. Der Mann heißt Günter Hohlstamm, Rekord-halter im Riesenleinwandzusammennähen.

Und weil wir gerade bei wandgroßen Gemälden sind, schnell noch ein Abstecher nach Südwesten, nach Schmalkalden in den Thüringer Wald. Zugange waren dort Case, Herakut, ECB, M-City, ROA, KnowHope, Hem, Pixelpancho. Wem das Spanisch vorkommt, der weiß nicht, was Street Art ist und wer die rekordverdäch-tig riesengroßen Bilder an die Plattenbauten gesprüht hat. Wallcome in Schmalkalden! Insider verstehen schon. Die anderen gucken sich die ältesten profanen Wandge-mälde im Schmalkalder Hessenhof an beziehungsweise die originalgetreue Kopie im Keller von Schloss Wil-helmsburg. Bilder zur Iwein-Sage, gemalt um 1225, also die Originale. Der Volksmund kennt nur: Narrenhände beschmieren Tisch und Wände! I wo, Iwein darf drauf.

Da legen wir jetzt mal ein bisschen Musik unters Bild, einfach nur, damit es schneller geht. Am schnellsten kann es Jürgen »Atze« Adlung. Mister Speedfinger schaffte auf seinem Piano mit links 816 Anschläge in einer Minute im Boogie Woogie Style. Ein weiterer Thüringer, der sich ins Guiness-Book der Rekorde einschrieb.

Thüringer führen die Rekordlisten an, manchmal auch von hinten, zum Beispiel beim durchschnittlichen Brut-tomonatsverdienst, da liegen wir deutschlandweit so was von hinten, dass wir uns schon freuen, wenn wir mal auf den vorvorletzten Platz vorrücken. Wir könnten viel-leicht einem Thüringer nacheifern und unser eigenes

Geld drucken. Aber da gibt es immer so unbegreifliche polizeiliche Widerstände dagegen. Wenn sich der Bürger endlich einmal um sich selbst kümmert, dem Staat die Arbeit erleichtert ... nicht? Wir würden's ja nicht nur für uns machen. Hat auch der Johann Peter Haseney aus Zella-Mehlis nicht gemacht. Der gelernte Büchsenmacher wurde einer der berühmtesten Graveure des 19. Jahrhunderts, denn der Thüringer hat nicht nur 1835 das Geld des Bayrischen Königreiches ziemlich fälschungssicher gestaltet, sondern auch die allererste deutsche Briefmarke entworfen und fein säuberlich den Druckstock graviert. Ab dem 1. November 1849 gab es in Bayern den »Schwarzen Einser«, heute das älteste deutsche und ein rekordverdächtig teures Postwertzeichen.

Apropos »Älteste«. Es ist ein großes Glück, dass der Staat nicht alles und alle reglementiert. Sonst würde nicht eine Thüringerin den Ältestenrekord im Fallschirmspringen halten. Allein darf man zwar nicht mehr, aber frau findet's zu zweit auch hinreißend schön. Mit 66 Jahren fing das Fallschirmspringer-Leben für Ida Schneider aus Münchenbernsdorf im Landkreis Greiz an. Bis zu ihrem 85. Geburtstag hatte sie 111 Tandemsprünge in ihrer Fallkladde stehen. Dass sie dabei insgesamt über eine Stunde im freien Fall 324 Kilometer in der Luft zurückgelegt hatte, rechnete ein Statistikfreak aus. Frau Schneider konnte keine Auskunft erteilen, wie oft sie dabei gejodelt habe. Sie jodelte fast immer, manchmal sang sie auch »Lebt denn der alte Holzmichel noch?« Mit dem 111er-Rekord war nicht Schluss, weil die rüstige Seniorin ihrem Motto treu blieb, sie werde weitermachen, »so lange die Beine noch wackeln und die Gusche noch geht«.

Jetzt sind wir endlich wieder bei den sportlichen Rekordfreuden. Der Kreis Weimarer Land hat da die Nase vorn. Hier ruinieren im Schnitt die meisten Einwohner ihre Knie mit sportlichen Aktivitäten oder unsportlichem Körpergewicht. Auf tausend Einwohner kommen 187 Knie-OPs jährlich. Erfurt ist vergleichsweise unsportlich mit 106.

Apropos »unsportlich«. Als unsportlich empfand die Oma von Diskus-Ass Robert Harting dessen dauernde Leibchenaufreißerei, wenn er mal wieder gewonnen hatte. Eine Menge textile Oberteile mussten ihr Leben lassen, bis die Harting-Oma aus Zeulenroda ein paar Thüringer Knackwürste schickte, aber die Lieferung an die Bedingung knüpfte, Robert solle doch nicht mehr so uncool seine Hemden zerreißen. Wer kann schon Thüringer Knackwürsten und den flehenden Worten seiner Thüringer Oma aus Zeulenroda widerstehen? Harting nicht. Und so verspeiste er die Würste und versuchte weiterhin, einen Diskusrekord nach dem nächsten zu knacken. Ohne Aufreißerei.

Und apropos Zeulenroda. Dorther stammt auch Thüringens einzige Ultraläuferin. Die Ultras bei den Läufern machen es nicht unter 100 km am Stück. Die Dame aus Zeulenroda heißt Heike Bergmann. Sie wurde 2013 fünfzig und lief einfach weiter. Kanallauf von Birmingham nach London – knapp 250 km, 24-Stunden-Lauf in Leipzig, der legendäre griechische Spartathlon – auch wieder knapp 250 km, aber bei Temperaturen um die 40°. Warum das alles? Weil unsere Thüringer Ultraletin mal in Amerika war und einen Schock bekam, da dort so viele dicke Menschen herumwatschelten. Seitdem bekämpfte sie den Schock mit kilometerlanger Eigentherapie. Sie könnte sich auch vorstellen, mal einen 48-Stunden-Lauf zu versuchen. Da ist der jährliche Super-Marathon beim Rennsteiglauf schneller absolviert. Auf dem Kammweg des Thüringer Waldes brauchte sie für die 73 Kilometer meist nur etwas mehr als sechseinhalb Stunden.

Mit vollem Namen heißt der Laufwettbewerb übrigens GutsMuthsRennsteiglauf, was direkt auf den allerersten Turnlehrer der Nation verweist, auf Herrn Johann Christoph Friedrich GutsMuths, der in der Salzmannschen Erziehungsanstalt Schnepfenthal sozusagen als Urvater der deutschen Turner agierte. Die deutschen Turner turnten dann unter Turnvater Jahn den deutschen Oberhäuptern so auf der Nase herum, so gesamtdeutschnationalistisch, dass zum Beispiel der König von Preußen um sein schönes unabhängiges Königreich fürchtete und das Turnen verbot. Sport war eben schon immer ein Politikum. Jeder Mann an jedem Ort – einmal in der Woche Sport. Volkssport eben. Die Frauen kamen später dazu.

Der Rennsteiglauf ist ein Volkslauf, der seit 1973 jährlich Mitte Mai auf dem Rennsteig mehr als 14 000 Läufer und Wanderer in Bewegung versetzt. Damit ist er der größte europäische Landschaftslauf.

Der Autor hat es ja im Vorwort angedeutet. Hier leben nur ganz normale Menschen. Eben auch Menschen, für die es normal ist, die Schuhe zu schnüren und Kilometer zu schrubben. Aus Spaß.

Verrückt, was!? Dass wir überhaupt so lange über Thüringer Rekorde haben schreiben können, ohne die berühmten Sportler zu erwähnen. Sportler, wie den langjährigen Weltrekordhalter im Rückenschwimmen,

nach dem in seiner Heimatstadt Erfurt die größte
Schwimmhalle ihren Namen hat: Roland Matthes. Oder
gleich daneben die Eishalle mit dem echt langen Namen
Gunda-Niemann-Stirnemann-Halle, wo die Namens-
geberin heute Leute trainiert, die noch eine Menge
Runden im Eisoval laufen müssen, ehe sie vielleicht in
Gundas Kufenschuhe hineinwachsen können. Oder die
Radfahrer, die in Thüringen gelernt haben, wie man
anderen davonfährt: Tony Martin, Marcel Kittel, John
Degenkolb auf der Straße, René Enders, René Wolff,
Kristina Vogel auf der Bahn.

Ebenso unsere Wintersportler, für die einige Jahre lang
die »Thüringer-Allgemeine«-Zeitung einen Extra-Thü-
ringer-Medaillen-Spiegel führte, was sinnvoll war, solange »unsere« wie bei den Olympischen Winterspielen
2002 in Salt Lake City 14 der insgesamt 35 deutschen
Medaillen holten.

Außerdem, das sei unbedingt noch erwähnt, waren
wir Thüringer die Ersten, die im Sommer Skispringen
durften, weil wir so dolle wollten. Da haben wir uns einfach von dem Erfinder Hans Renner den Winter in die
Sommersonne verlegen lassen, um die wetterbedingten
skandinavischen Trainingsvorteile auszugleichen. Am
25. August 1954 sprang Harald Pfeffer als erster Mensch
der Welt auf Kunststoffmatten von der Schanze »Schwar-
zer Hügel« in Zella-Mehlis. Eine Sportrevolution.

Und wenn sich die Idee der Kunststoffschlittenbauer
aus Geschwenda durchsetzt, dann wird es von den Sand-
dünen der Welt herunter schallen: Bahn frei, Kartoffel-
brei! Der erste Sandrodel der Welt kommt aus Thüringen, gemeinsam entwickelt mit der Technischen
Universität Ilmenau, dem Fraunhofer Institut und einer

Sand-Skischule in Namibia. Klingt nach einem April-scherz, oder? Ist aber keiner!

Noch mehr Rekorde gefällig?

Wir haben die höchsten Benzinpreise in Deutschland. Weil wir so schön in der Mitte liegen und hier alle durchmüssen?

Mittigkeit hat auch Nachteile. Bei Umfragen offenbaren wir den höchsten Spartrieb deutschlandweit. Über 60 Prozent aller Thüringer gaben bei einer Forsa-Institut-Umfrage im Auftrag der Bank of Scotland an, ein Sparschwein zu besitzen. Wir Thüringer haben unsere Schäfchen daheim im Trockenen.

Apropos: Der trockenste Ort in Thüringen ist Olbersleben im Landkreis Sömmerda. Am feuchtesten ist es im Jahresschnitt auf der Schmücke bei Suhl. Windigster Ort: Eisenach. Am dunkelsten: Neuhaus am Rennweg. Und am schönsten ist es mit den meisten Sonnenstunden in – Tusch! – Schöndorf. Das ist kein Scherz, sondern ein Ortsteil von Weimar.

Schön, nicht wahr!?

Fassen wir zusammen

Als der berühmteste Sprachpfleger und Genitivretter der Nation Folge 5 seiner Zwiebelfisch-Kolumnen veröffentlichte, waren wir Thüringer mit dabei – als Material für ein übermütiges Vergnügen. Denn die deutsche Sprache verfügt über Buchstaben, die außer in den finno-ugrischen Sprachen Finnisch, Ungarisch und Estnisch sonst nur im Türkischen vorkommen. Und die Türken haben sich diese Buchstaben von uns Deutschen geborgt. Es sind die Ümlaute.

Kleiner Scherz. Genau so einen leistete sich der Sprachpfleger, indem er Sätze müt vül »ü« büldete, und wir Thüringer kamen dabei nicht gerade gut weg. Ich darf zitieren: »Fünfundfünzig verrückte Thüringer türmen in Güterzügen über Uelzen und München in den Süden.«

So sind wir Thüringer nicht, lieber Bastian Sick! Wir fliegen nach Mallorca oder fahren mit dem Auto an die Ostsee – kein »ü« weit und breit!

Stattdessen scheint zusammenfassbar zu sein, dass wir Thüringer eine normal große Ansammlung unterschiedlichster Normalitäten sind. Wir sind im Schnitt lieber 0815 als 007, also ein recht friedliches, den Mittelwerten verpflichtetes Völkchen, und immer darauf bedacht, nicht zu weit nach vorn zu preschen. Wenn wir preschen, dann anderen hinterher. Vorwärts – wir folgen euch!

Als die Leipziger schon in Massen »Wir sind das Volk!« riefen, da überlegten wir Thüringer noch, ob das denn so richtig sei. Und als wir dann auch demonstrierten, da haben wir nicht schon am Montag demonstriert, sondern erst am Donnerstag. Abwarten, lieber einmal mehr gucken, was läuft, als bittere Pillen runterschlucken zu müssen. Mussten wir aber zumeist dann doch.

Nur einmal waren wir während der Wende-Zeit ganz vorn. Am Morgen des 4. Dezember 1989 ergriffen Frauen die Initiative, zogen ein paar zögernde Thüringer Männer mit, und besetzten die Stasi-Zentrale in der Andreasstraße in Erfurt. Das sprach sich rum, und am Abend desselben Tages folgten Besetzungen in einigen Städten Mecklenburg-Vorpommerns. Als allerdings Helmut Kohl Anfang März 1990 auf dem Erfurter Domplatz blühende Landschaften versprach, da wehte direkt vor ihm ein Block von fabrikneuen Deutschlandfahnen, und aus dem gut organisierten Block rief es: »Wir sind ein Volk!« Ob die Organisatoren von damals Thüringer waren, wird bis heute bezweifelt. Aber laut gerufen haben wir.

So sind wir eben, wir Volk. Folgsam.

Einen großen Hoffnungsschimmer gab es damals, der leider schnell verglomm. Zur ersten Landtagswahl trat neben den auch heute noch bekannten üblichen Verdächtigen in der Parteienlandschaft eine Partei an, die einige Herzen höher schlagen ließ. Leider scheiterte 1990 die Deutsche Biertrinker-Union mit 0,3 ganz knapp an der 5-Prozent-Hürde.

Knapp ist auch das Wort der Wendewahl 2014, als eine Stimme im Landtag darüber entschied, ob die Thüringer weiter von Schwarz-Rot oder erstmals von Rot-Rot-Grün regiert würden. Um es klar zu sagen: in beiden Fällen ging es um eine Stimme. Der Wahlgewinner CDU wurde zum großen Verlierer und übte sich in Thüringen erstmals in Opposition. Ein paar Kerzen wurden angezündet, und weiter ging's. Weder Sozialismus noch Kommunismus konnten in Thüringen eingeführt werden. Dafür war nicht genügend Geld da.

Außerdem weht uns doch heimlich die amerikanische Flagge voran. Die acht Sterne, die den gestreiften Löwen auf unserem Wappen umblinken, sind nämlich in Anlehnung an das föderale Sternenbanner der USA dahingekommen. Von wegen Hammer und Sichel.

Wir schauen vor, zurück, zur Seite, ran. Das Spiel kennen wir noch aus Kindertagen. Wir schauen voran, aber unsere Pläne für die Zukunft sind nicht von hochfliegender Art. Dazu sind wir einfach zu bodenständig. Wir schauen zurück, weil man wissen muss, wo man herkommt. Wir schauen zur Seite, wo der eine oder andere Mitbürger etwas Hilfe braucht. Und wir blicken auf uns selbst – meist jedoch erst ganz zum Schluss. Der Anteil an Egoisten, Alphamännchen und Leitwölfen ist in Thüringen überschaubar. Wir haben unseren Schiller verstanden: Der brave Mann denkt an sich selbst zuletzt.

Aber wir wissen auch, dass es Leute gibt, die in diesen Satz ein Komma setzen: Der brave Mann denkt an sich, selbst zuletzt.

Hat der Autor etwas vergessen? Mehr als die Hälfte wohl. Doch eines darf nun wirklich nicht fehlen, ein Thüringer Produkt, recht klein zwar, doch ist es das Größte überhaupt: der Gartenzwerg!

Was gibt es da zu lachen? Dieser Zwerg aus Ton ist nicht nur eine Ur-Thüringer Erfindung, sondern auch ein Symbol. Alle originalen Zwerge sind kleine, freundliche Männer, fleißig bei irgendeiner friedlichen Arbeit. Thüringer Gartenzwerge mit Gewehr über der Schulter gibt es nicht, auch solche mit Messer im Rücken sind moderne Monstrositäten. Am allerschlimmsten sind Zwerge mit Politikergesichtern. Eine Beleidigung, die die Thüringer Seele tief im Innern trifft, bis hinunter in sagenhafte Abgründe, dorthin wo einst (man lese in der »Edda«) die Götter den toten Riesen Ymir mitten in die gähnende Schlucht, genannt Ginnungagap, warfen. Aus seinem Blute machten sie Meer und Wasser, aus seinem Fleisch die Erde, aus den Knochen wurden Berge, Felsen und Klippen. Und aus des Riesen Schädel schufen die Götter das Himmelsgewölbe, erhoben es über die Erde, stellten es auf vier Hörner als Säulen, und unter jedes Horn setzten sie einen Zwerg. Und die Zwerge hießen Austri, Vestri, Norðri und Suðri. Nur einer wird immer vergessen, der Zwerg, der nicht so blöd war, sich eine Säule aufhucken zu lassen, einer, der seit Urzeiten fröhlich unterm Himmel sitzt: Mittri.

Mittri? Nett, ruhig, zufrieden. Weder ein Wessi noch ein Ossi, weder ein Nordi noch ein Südi. Mittri – der Mittige. Der Urvater aller Thüringer!

Bereits erschienen:
Gebrauchsanweisung für ...

01/0001/20/R

01/0002/20/L

Salzburg und
das Salzburger Land
von Adrian Seidelbast
Sardinien
von Henning Klüver
Schottland
von Heinz Ohff
Schwaben
von Anton Hunger
den Schwarzwald
von Jens Schäfer
Schweden
von Antje Rávic Strubel
die Schweiz
von Thomas Küng
Sizilien mit den
Liparischen Inseln
von Constanze Neumann
Spanien
von Paul Ingendaay
Stuttgart
von Elisabeth Kabatek
Südfrankreich
von Birgit Vanderbeke
Südtirol
von Reinhold Messner
Sylt
von Silke von Bremen
Thailand
von Martin Schacht
Thüringen
von Ulf Annel
Tibet
von Uli Franz
die Toskana
von Barbara Bronnen
die Türkei
von Iris Alanyali
Umbrien
von Patricia Clough

die USA
von Adriano Sack
den Vatikan
von Rainer Stephan
Venedig mit Palladio und
den Brenta-Villen
von Dorette Deutsch
Vietnam, Laos
und Kambodscha
von Benjamin Prüfer
Washington
von Tom Buhrow
und Sabine Stamer
die Welt
von Andreas Altmann
Wien
von Monika Czernin
Zürich
von Milena Moser

und außerdem für …
das Boxen
von Bertram Job
die Deutsche Bahn
von Mark Spörrle
den FC Bayern
von Helmut Krausser
die Formel 1
von Jürgen Roth
Kreuzfahrten
von Thomas Blubacher
das Münchner
Oktoberfest
von Bruno Jonas
das Schwimmen
von John von Düffel
das Segeln
von Marc Bielefeld
das Skifahren
von Antje Rávic Strubel

01/0003/20/R

Leipzig: Nischd wie hin!

Hier reinlesen!

Bernd-Lutz Lange
**Gebrauchsanwei-
sung für Leipzig**

Piper Taschenbuch, 224 Seiten
Überarbeitete Neuausgabe
€ 14,99 [D], € 15,50 [A], sFr 21,90*
ISBN 978-3-492-27630-6

Bernd-Lutz Langes Bühnenprogramme und Erinnerungs-
bücher sind legendär. Hier zeigt er uns sein Leipzig, die
Messemetropole und Buchstadt mit ihrer Kunst- und
Literaturszene, dem Thomanerchor und dem Gewandhaus,
den Passagen und Märkten. Er blickt auf seine tausendjährige
Stadt, in der die Menschen freiheitsliebend und liberal sind
und deren historischer Charme und Attraktivität von Jahr zu
Jahr mehr Touristen anlockt.

PIPER

Leseproben, E-Books und mehr unter **www.piper.de**

Goldene Kuppeln und Grünes Gewölbe.

»Eine Kennerin beschreibt ihre Stadt.« Südd. Zeitung

Hier reinlesen!

Christine von Brühl

Gebrauchsanwei-sung für Dresden

Piper Taschenbuch, 208 Seiten
Überarbeitete und erweiterte
Neuausgabe 2012
€ 14,99 [D], € 15,50 [A], sFr 21,90*
ISBN 978-3-492-27623-8

Dresden hat alles: Geschichte und Zukunft, Zwinger und Semperoper, idyllische Elblage, südländisches Flair und Canaletto-Blick, die berühmteste Frauenkirche und die besten Eierschecken. Und dieses ganz besondere Licht, das Fenster, Dächer und die orientalische Kuppel über der alten Tabakfabrik Yenidze in goldenem Glanz leuchten lässt. Christine von Brühl erzählt vom Leben im Elbflorenz, von Sonnenbädern auf der Brühlschen Terrasse und von der einzig wahren Rezeptur für Dresdner Stollen.

PIPER

Leseproben, E-Books und mehr unter **www.piper.de**